杨继军 著

中国经济内外失衡的
人口因素研究

A STUDY ON POPULATION FACTOR OF
CHINESE ECONOMIC INTERNAL AND
EXTERNAL IMBALANCES

 社会科学文献出版社
SOCIAL SCIENCES ACADEMIC PRESS (CHINA)

　　本书为江苏高校现代服务业协同创新中心、江苏高校人文社会科学校外研究基地"江苏现代服务业研究院"和江苏高校优势学科建设工程资助项目（PAPD）的研究成果。本书同时受到南京财经大学"青年学者支持计划"和预研究项目（YYJ201408）的资助。

目　录

第一章　导论

第一节　问题的提出

一　选题背景

21世纪以来，美、英等一些国家的经常账户状况持续恶化，对外负债不断累积，新兴市场经济体和部分能源出口国的外贸顺差却急剧扩张，全球经济失衡日益凸显。[①] 中国作为新兴市场经济体的代表，自1994年以来，连续保持双顺差达16年，近几年顺差规模更是一路攀升，顺差式外部不平衡的特征已经十分明显。国家统计局公布的数据显示，2008年中国的净出口额已经达到2955亿美元，占当年GDP的6.7%。[②] 对于全球经济的失衡，经济学家早有关注，并提出了一些富有启发性的观点。Gruber和Kamin（2005）将全球失衡的原因概括为七个方面：美国财政赤字的增加、私人储蓄的下滑、生产率的提高、全球金融新产品的出现、全球储蓄过剩（Global Saving Glut）、亚洲部分国家对汇率的操纵，以及全球石油价格的不断上扬。

[①] 2005年2月23日，IMF总裁拉托发表了题为《纠正全球经济失衡——避免相互指责》的主题演讲，正式提出"世界经济失衡"（Global Imbalance）概念。

[②] 2009年受全球经济危机影响，中国外贸顺差的绝对额尽管仍巨大，但占GDP的比重在下降；美国国内储蓄率有所提高，经常账户赤字由2007年占国内生产总值5.3%降至2.6%；石油等其他大宗商品价格的下降，使得石油出口国的经常账户顺差减少。国际经济失衡能否通过危机而得以矫正，目前尚无定论，世界银行在一份报告中称"国际收支严重的失衡性仍然存在"。

此前，贸易收支的汇率调整论颇为抢眼，并一度成为包括美国在内的广大发达国家和部分发展中国家矫正外部失衡的主流思潮和政策工具。[①] 笔者认为，中国的外贸顺差是各种因素共同促成的结果，既有制度层面的（如"出口导向"政策），又有分工层面的（如加工贸易）；既与人民币汇率有关，又与中国特殊的发展阶段相联系。学术界对此展开了大量研究，并取得了丰富的成果。本研究主要从人口方面找寻中国外贸顺差的原因，使笔者萌发这一构想的原因是：中国外部经济失衡的长期性引导笔者将视域转向结构性因素，人口作为社会生产和消费的主要参与者，自然是需要考虑的一个因素，其年龄结构和空间行业上的布局（人口流动）均可能对储蓄和出口发生影响，初步研究（Poole，2007；Kim & Lee，2008；Cooper，2008）表明，一国的人口年龄结构和其经常项目余额之间呈现出一定的稳态关系，而人口的跨地区、跨行业流动，牵动人口布局调整，并渗入经济关系，对内外部经济施加影响。

在人口年龄构成方面，在 1982 年的中国平均一个劳动力抚养 0.546 个少儿和 0.079 个老人，1996 年 1 个劳动力负担 0.385 个少儿和 0.103 个老人，2007 年则为 0.246 个少儿和 0.129 个老人。1982~2007 年，少儿抚养负担以年均 3.14% 的幅度降低，而老年负担以 1.98% 的幅度增加，少儿人口负担降幅始终高于老年人口负担增幅，从而导致劳动力的总抚养负担以年均 2.02% 的幅度降低。从国际比较看，发达国家完成人口转型的时间较早，以致今日的劳动适龄人口比重低，老

[①] IMF 认为，要大幅减少全球经济失衡而不造成全球衰退，就必须通过汇率变动调整贸易品和非贸易品的相对进出口价格，而汇率调整负担的分配，取决于包括中国在内的亚洲国家是否与欧洲一起让本币升值。把全球经济失衡归咎于中国发展，把中国外贸顺差简单归结为人民币低估，这是不科学、不符合实际的。自 2005 年 7 月第四次人民币汇率改革以来，人民币对美元累计升值超过 20%，但这期间中国对美国的贸易顺差却一反预期——不降反升。战后的日本也曾对美国保持了大量的外贸顺差，旨在敦促日元升值的"广场协议"也未能从根本上改变这一格局。

龄人口比重高，人口老化严重。而包括中国在内的发展中国家人口转型较晚，人口抚养负担轻，中国平均 0.374 的人口抚养负担远远低于世界 0.555 的平均水平（2007 年数据）。钟水映和李魁（2009）认为，这一状况将会持续至 2030 年，那时中国的两类抚养负担将发生历史性"交叉"，老年抚养负担将超过少儿抚养负担，开始全面影响经济社会生活。

人口流动方面，长期以来的二元体制，造成大量的剩余劳动力被固定在农村中，附着于农业之上，而这种体制的松动促成了人口的大规模流动。中国的人口流动呈现出三个鲜明的特点：一是在流向上，表现为由农业流向工业；二是在地域上，表现为由欠发达的中西部地区流向发达的东部沿海地区；三是对年龄的强选择性特征，流动的主体以青壮年劳动力为主。[①] 据此，可以断言中国的人口流动实质上是一种劳动力转移，本研究对这两个概念不加以严格区分。人口流动开启了劳动力资源在地域、行业配置上的新格局，搅动着已有的国民收入、居民消费、企业劳动力供给、企业利润、政府税收和加工贸易等一系列经济变量，并借助于各种渠道传递给外部经济，铸塑着现有的贸易收支格局。

二　选题的意义

（一）理论意义

国际贸易收支反映一国在特定时期里商品和服务的对外输入输出情况，在当今信用性的货币体系下，它又折射出一种借贷关系。令人费解的是，中国作为一个发展中国家，其资本在存量意义上是稀缺的，然而它为何反而将资金和实质资源借给富裕的发达国家

---

① 以 2000 年为例，流动人口中 15 岁以下占 9.3%，15～29 岁占 57.2%，30～44 岁的占 25.0%，45～69 岁占 6.0%，60 岁以上占 2.5%。详见马忠东等《劳动力流动：中国农村收入增长的新因素》，《人口研究》2004 年第 5 期，第 2～10 页。

呢?[①] 已有的研究集中从人民币汇率角度来阐述中国外贸失衡的原因,这是一种弹性分析法思路,它将中国外贸顺差的原因归咎于人民币币值低估带来的出口产品竞争力。实事求是地看,这种观点无论在理论还是实证层面都得到了某种支持。笔者以为,外贸顺差作为一种外部经济失衡的表现,绝不可简单地理解为就是出口大于进口,研究外贸顺差也不宜直接从出口和进口入手。外部经济和内部经济共同统摄于一个总体,内部经济处于根本性、基础性的位置,外部经济可以理解为内部经济的延续,切不可将二者完全割裂开来去研究其中一个问题。如郭树清(2007)所言:"内外两种不平衡并非独立存在,相反,它们紧密联系、相互依赖,甚至相互推波助澜,相互不断强化,形成一个愈演愈烈的格局。"简而言之,要深刻把握这种外部失衡的内部元素。而从人口方面来寻找外贸顺差的成因,恰恰是一种尝试。

本书从人口因素出发,从人口年龄结构以及人口流动两方面入手来解释中国的外贸顺差,显然,这是一种迥异于汇率视角的研究思路,表现为:(1)人口因素是在实体经济层面的,具有一定的稳定性,而汇率是浮动式的,波动性强;(2)人口因素从国民收入恒等式出发,认为中国外贸顺差的症结在于储蓄高悬、消费不足,而汇率分析法则是基于 $NX = X - M$ 得出的结论。

就人口因素的第一个方面——人口年龄结构而言,笔者试图解答这样几个问题:中国特殊的人口年龄结构是否影响了当下的外贸顺差?二者间的相关程度有多大?具体的传导机制如何?假如人口年龄结构→高储蓄→高顺差成立的话,那么人口年龄结构又是如何引起高储蓄的?生命周期理论为笔者的分析提供了一个较好的微观基础,但是如何将这种微观基础推广至宏观经济行为将成为一个问题。生命周期理论突出代表性个人,强调个体在一生中不同生命阶

---

① 施建淮:《怎样正确分析美国经常项目逆差》,《国际经济评论》2005 年第 4 期,第 5 ~ 10 页。

段的储蓄行为，但就某一个经济体而言，在特定时点上，各个生命阶段的人可能是并存的，如此一来，人口的年龄结构成为影响国民储蓄的又一重要变量。为此，笔者构造了一个涵盖两个地区、个体存活四期的生命周期模型，从中考察人口年龄结构的影响。

如何看待人口流动与外贸顺差的关系是本文需要解决的第二个主要问题，人口流动激活了劳动力要素在地区、部门间的重新配置，增加了居民收入，但随劳动力转移一并出现的问题是，劳动者所面临的风险因素增加了，消费滞后于收入的现象凸显。不仅如此，劳动力在转移中呈现出显著的行业选择性，相当一部分转移劳动力最终为加工贸易部门所吸纳，劳动力转移的"出口导向"十分突出，这些是把握人口流动生成外贸顺差的重要线索。

（二）现实意义

长期的内外失衡积累了大量的外汇储备，助长了国内的流动性过剩之势，平添了宏观经济调控的难度，对包括中国在内的全球经济失衡起到了推波助澜的作用，成为悬置在经济上方的一把达摩克利斯之剑（Obstfeld & Rogoff，2005）。余永定（2006）认为中国的外贸顺差反映的是一种不合理的国际收支格局，作为世界的第三大资本净输出国，中国的投资收益一直是负数；郭树清（2007）认为持续较大的贸易顺差，延缓了产业升级，加剧了通货膨胀与资产泡沫威胁；甘哲斌（2005）认为贸易顺差带来了国际外汇储备的膨胀，加剧了境内的流动性过剩现象，从而给本国执行独立的货币政策造成很大压力。[①]

[①] 以克鲁格曼（2000）为代表的一些经济学家认为，贸易余额与经济福利之间并没有多少必然的联系；瑞士银行的经济学家董涛说："在一个全球化的世界上，双边贸易数字是毫无意义的，美国和中国之间的贸易平衡就像纽约州和明尼苏达州之间的贸易平衡一样毫无意义"；法国经济学家吕夫把美国可以任凭贸易赤字居高不下而安然无恙的状况称为"无泪的赤字"；张二震和安礼伟（2009）认为贸易差额是各国要素专业化生产最有效率的环节，是跨国公司主导的国际生产网络进行整合的结果，因此这种"失衡"意味着各国实现了要素的最优使用，进而有助于推动世界经济的增长，在国际生产网络下，失衡将是有效率的常态。

以美国为代表的发达国家指责中国政府操纵汇率推行货币倾销，是"新重商主义者"，并动辄采取单边行动，使贸易摩擦进入多发期。长期的外贸顺差还造成中国对外部市场的依赖，一旦世界经济不景气，中国也难以置身事外，当下全球范围内的金融危机就是一个极好的佐证。危机爆发后，欧、美、日等国经济增长乏力，房地产、股票和债券价格下跌，财富大面积缩水，居民需求下滑，而对于外向型经济主导下的中国，其负面影响也已如期地表现出来。[①] 因此，深刻、全面地分析中国的外贸顺差具有重要的现实意义。

中国作为处于人口转型期的发展中国家，其人口出生率在高水平起点上急剧下行，少儿人口比重不断下降，少儿抚养负担减轻，虽然老年人口数量在增加，人口老龄化端倪初露，但总体上老年人口所占比重不高。相比之下，美、英等率先完成人口转型的发达国家的人口出生率长期低迷，劳动适龄人口比重轻，人口老龄化现象明显。如何理解中国这种特殊的人口年龄结构在国际贸易收支中的地位？如果二者间的相关关系成立的话，那么中国的外贸顺差和美国的贸易逆差就是代际交换的结果，是"互利双赢"式的，带有一定的自发性，将中国的外贸顺差完全归结为中国政府操纵汇率进行货币倾销的言论就是站不住脚的。人口流动引起了劳动力在空间和行业上的再配置。作为一种帕累托改进，它提高了资源的配置效率，推动了经济增长，是中国政府提高农民收入，拓展就业渠道、消解二元体制张力的重要一步，但同时它也带来了诸如高储蓄和外贸长期顺差等问题。

三 相关概念的界定

由于经济学中一些概念的内涵和外延不尽相同，在具体的统计

---

① 此前一度盛行的"脱钩论"（Decoupling）认为，中国等新兴市场经济体将不会受到此次金融危机的拖累，但现在看来这只是一种奢望。随着危机的蔓延，中国的出口大幅度收缩，经济增长下滑。

口径上也存有差异，为了避免由此带来的混淆或误解，有必要对部分重要概念做一些诠释。此外，对概念的界定也有助于明确本书写作的立足点。

（一）外贸顺差

经常项目主要包括货物的国际收支、劳务的国际收支、要素收益和单方面转移四个部分，它与资本项目、官方结算项目以及错误和遗漏项目共同构成一国的国际收支平衡表。其具体的表达式为：$CA = (X - M) + NFP$，即经常账户余额等于贸易收支余额加上得自国外的净要素支付。在现实中，贸易收支往往成为经常项目的主体，所以本研究对经常项目和贸易收支不做严格区分。当经常项目余额为正时，称外贸顺差或盈余，而当其为负时，称外贸逆差或赤字。

在国际收支的统计上，目前仍是以国家作为基本单位。一些学者认为在产品内分工和网络化生产成为国际分工的主导模式下，随着中间产品的多次跨境移动，贸易顺差可能不再表现为生产国和消费国之间的贸易差额，以国家作为基本单位似乎很难反映传统意义上外贸顺差的真实含义。此外，随着跨国公司内部贸易的日渐盛行、跨国公司有可能代替国家成为参与国际贸易的新主体。笔者认为，这两个论据虽然在一定程度上揭示了当前国际收支以国家作为基本单位所存在的不妥，但却无关宏旨。首先，虽然中间品贸易或过程贸易可能会混淆同一笔贸易中的顺差国和逆差国，但这并不是本研究所要关注的重点，外贸顺差更多体现的是一种结果，它不反映具体的、翔实的过程；其次，虽然跨国公司在国际经济活动中的作用越来越凸显，但是主权国家依然鲜明地存在，跨国公司没有也不可能撇开主权国家而去单一开展国际经济事务。鉴于这两点，笔者认为目前以国家作为国际收支的基本单位仍然有其合理性。

在目前的统计规则下，有两种情况可能会高估贸易顺差的规模。其一，中国的外贸顺差有相当一部分是由跨国公司主导的，虽然这部分顺差显示在中国的国际收支平衡表中，但是其所有者并不是国内居民或企业，中国所获取的只是账面上的数字，中国的外贸顺差似乎更应该理解为"在中国生成的顺差"，它是一种地域概念，而不是居民概念。其二，在人民币升值的单边预期下，一些加工贸易企业在来料加工过程中低报原材料进口价格，高报成品出口价格，以达到扩大人民币头寸之目的，贸易项目下出现了"非贸易行为"，贸易盈余存在水分。[①]

（二）经济失衡

外部经济包括"入"和"出"两个方面，经济学理论认为二者应该是一个可逆的循环系统，强调它们之间的双向联动、交互发展。现实中，平衡总是相对的、暂时的，绝对的平衡从来都是可望而不可即的；不平衡却是绝对的、常态的。只要"入"和"出"之间的缺口保持在经济可承受的范围内，就可以认为是基本平衡的；相反，如果二者之间长期处于较高的不协调状态，那么外部经济就会出现"失衡"，其负面影响也会显现。当经济活动中消费不足时，就会出现"储蓄过剩"，多余的储蓄不能转化为适度的投资，即所谓的"内部经济失衡"；经济开放后，多余的储蓄会以净出口的形式流向他国，转化为贸易收支顺差，即所谓的"外部经济失衡"。绝对平衡意味着没有增长，极度失衡同样会导致停滞（郭树清，2007）。

应该说，"外部经济失衡"这一概念主要针对的是虚拟经济，就实体经济而言，无所谓"失衡"。理由在于：储蓄无论是用来投资还是出口，[②] 均是个体为了熨平自身的消费路径而做出的一种理性安排。倘若储蓄以投资的形式存在，个体则可以在投资周期终止时，

---

① 理论上来讲，中国与贸易伙伴之间的进出口数据应该大致相当，而事实上，中国的进口数大大高于其他国家的对华出口数，中国的出口数则小于其他国家从中国的进口数。

② 这里的"储蓄"不同于一般意义上的储蓄存款，它是一个大储蓄概念，没有消费掉的物品统称为"储蓄"，即 $S = Y - C$。

收回全部资本品；如若以出口的形式存在，个体则可以在需要时要求对方偿还，所以说从实体经济来看总是平衡的。但是在信用性的货币经济下，情况将大异其趣。当中国对美国保持外贸顺差时，中国只不过是从美国那里暂时性地获得了一张美元欠条，这种美元欠条代表了一种购买力承诺，即在未来可以用这些美元取得美国的商品和服务。但这一切都取决于美国可不可以、有无能力信守承诺，一旦失信于人，或者市场中的大多数人提前形成了悲观预期，虚拟经济脆弱的循环就将断裂，外部经济出现失衡。[①]

（三）　人口转型

人口转型是指由于死亡率先行下降，人口类型从"高出生率、高死亡率、低自然增长率"的原始人口再生产类型过渡到"高出生率、低死亡率、高自然增长率"的传统人口再生产类型；而后因为出生率随之下降，人口增长减速，从而进入"低出生率、低死亡率、低自然增长率"的现代人口再生产类型。中国的人口转型有其特殊性，它不仅是市场经济自发作用的结果，是生育观转变的产物，还是生育政策急速"刹车"提前催生的结果。从传统人口再生产类型到现代人口再生产类型，中国仅用了 30 年时间。目前中国的妇女总和生育率已经跌至更替水平以下，随着由人口年龄结构引发的人口惯性的逐渐释放，大约到 2035 年，中国人口将实现零增长，并逐渐进入负增长阶段。

人口转型带来了人口年龄结构的变化，表现为较低的幼儿人口比、较高的劳动适龄人口比以及正在加速到来的人口老龄化。考虑到中国的人口转型是在经济并不发达的情况下完成的，我们还尚不

---

① 这一认识得益于彼得·希夫、约翰·唐斯（《美元大崩溃》，中信出版社，2008。）。Hausmann 和 Sturzengger（2005）提出的"暗物质"理论认为即使是虚拟经济，也不存在严重的失衡，因为美国存在大量未被统计的海外投资资本收益和美元铸币税等能够创造收益但看不到的"暗物质"，美国根本就没有过真正意义上的经常账户赤字。

具备建立覆盖面广、层次多样的社会保障体系以应付未来人口老年化时期的高支出，大部分只能由劳动者本人承担。这种对未来高支出的预期，强化了现有的储蓄。

（四）人口年龄结构

人口年龄结构是指一国（或地区）在特定时点上各年龄组人口占总人口的比重，考虑到各年龄组人口在生产和消费上的差异，一般将其划分为少儿、中年和老年三个年龄组。按照国际通行的做法，少儿人口是指处于成长阶段，需要暂时接受他人抚养的人群，其年龄在 0～14 岁；中年人口是社会中的劳动力群体，又称劳动适龄人口，其年龄在 15～64 岁；老年人口指已经退出劳动力市场，不再创造财富的人群，其年龄在 65 岁及以上。[1] 从抚养和被抚养的视角看，中年人是社会中的抚养群体，而少儿和老人是社会中的被抚养者。从个体的整个生命周期看，少儿阶段、中年阶段和老年阶段具有时间上的继起性，抚养和被抚养显示出一定的交替性。如果社会中在某个时点的抚养人口较少，而被抚养人口较多，说明社会抚养负担重；反之，则表明抚养负担轻。

少儿抚养比是指少儿人口占劳动适龄人口的比重，或者说一个适龄劳动力需要抚养多少个少儿，即 $D_y = P_{0-14}/P_{15-64}$；老年抚养比是指老年人口占劳动适龄人口的比重，或者说一个适龄劳动力需要抚养多少个老人，即 $D_o = P_{65}/P_{15-64}$，当一国 60 岁及以上人口占总人口的比重达 10%，或者 65 岁及以上人口占总人口的比重达 7% 时，表明该国已进入人口老龄化社会；人口抚养比是指被抚养人口占抚养人口的比重，计算起来就是一个适龄劳动力需要抚养的少儿与老人数量的总和，即 $D_{yo} = D_y + D_o$。

---

① 这里对于各年龄段人口在生产方面的界定，是一种近似界定，如劳动力市场中可能也充斥着 14 岁以下的童工；部分中年人口可能因某种原因，如身体障碍、就学、失业等而未能成为社会中的劳动者；一些老年人口虽然退休了，却仍可能承担一些社会工作。

（五） 人口红利和人口负债

如果一个国家的中年人口比重大，则劳动力要素充裕，人口抚养负担轻，即"生之者众、食之者寡"，从而避免了产出被过多人口稀释。少儿人口红利是指当实际生育率低于更替生育率时，[①] 因减少了对生育的投资而带来的收益。老年人口红利可理解为人类以往生育上的过度投资在现时所得到的一种回报。人口红利持续的时间多为 30~50 年，具体取决于生育率下降的速度，如果下降的速度快，则持续的时间短，但持续期内的效果显著。反之，则持续的时间长，但持续期内的效果不甚明显。

一般来说，在一个社会的生育率急剧下降的初期，少儿人口抚养比降低，人口红利占主导。然而，到了一定阶段以后，少儿人口数量仍在继续下降，老年人口数量却急剧上升，社会总抚养比提高，抚养负担重，经济增长受阻，即"人口负债"。少儿人口负债是指实际生育率高出更替生育率，这是人类以往对生育过度投资所致，而老年人口负债则是人类以往对生育投资不足所致。

第二节 文献评述

一 早期的贸易收支理论回顾

理论上最早涉及外部均衡问题的是 18 世纪的重商主义，但持重商主义理论者只是提出了一些具体的主张，没有建立系统的外部均衡理论，其片面追求贸易顺差的做法受到了后来一些学者的质疑。

---

① 总和生育率是指一国妇女一生中平均生育的孩子数，人口学家通常以 2.1 个孩子的生育率作为人口世代更替水平的标准，而生育率保持在更替水平意味着人口数量的零增长。20 世纪 80 年代，中国的总和生育率在 2.5% 上下浮动，1990 年人口普查显示生育率为 2.3%，2000 年全国人口普查得到的结果为 1.4%，2005 年全国 1% 人口抽样调查表明当年生育率为 1.33%。参见郭志刚《调查证实中国人口形势已进入低生育率新时代》，《第一财经日报》2008 年 6 月 30 日。

休谟（Hume）在其著名的价格—铸币流动机制中就指出，一国不可能长期处于顺差状态，当其处于贸易顺差时，该国的货币供给增加，国内一般物价水平上升，本国出口商品竞争力弱化，贸易收支逆转。同样，一国也不可能长期处于逆差中。也就是说，在金本位制度下，存在一种自发的矫正机制，使外部经济总会趋于均衡。

继休谟以后，在马歇尔（Marshall）、罗宾逊（Robinson）和哈伯勒（Gottfried Haberler）等人的努力下，建立了国际收支的弹性分析法。认为在进出口商品价格不变的情况下，本币的贬值会对国际收支产生两种效应：一是价格效应，本币贬值后本国出口商品以他国货币表示的价格下降，进口商品以本币表示的价格上升；二是贸易规模效应，出口商品价格的下降会导致本国出口的增加，进口商品价格的上升会导致本国进口的减少。显然这两种效应对贸易收支的影响是反向的，其最终影响取决于二者的比较，或者确切地说，取决于出口商品和进口商品的需求价格弹性，一个颇为直观的感觉是，当进出口商品的需求弹性高时，虽然贬值会降低出口商品价格，但同时会更大幅度地增加出口量；虽然升值会提高进口商品的价格，但同时会更大幅度地减少进口量。因此，进出口商品的需求价格弹性越高，货币贬值后就越能够起到改善国际收支的效果。马歇尔—勒纳条件（Marshall-Lerner Condition）为我们提供了关于这一问题的数量说明，即 $|\eta_X + \eta_M| > 1$ 时，货币贬值能够改善本国的贸易收支。[①]

哈伯格（Harberger）、梅茨勒（Metaler）等人不满弹性分析法中的收入不变假设，于1950年提出了国际收支调节的乘数分析法。

---

① 简要的推导如下：$CA = PX - eP^* M$。若，其中，CA 表示贸易差额，P 表示国内价格水平，X 表示本国出口量，e 表示汇率（以本币表示的外币价格），P^* 表示外国价格水平，M 表示本国的进口量，则：$\dfrac{dCA}{de} = P\dfrac{dX}{de} - eP^*\dfrac{dM}{de} - P^* M$，进一步有：$\dfrac{dCA}{de} \cdot \dfrac{1}{P^* M} = -\eta_X - \eta_M - 1$。

在其假定基础上,[①] 认为进口支出是国民收入的函数,支出的变动通过乘数效应引起国民收入的变动,从而影响进出口。只要一国的边际支出倾向小于1,其出口的外生增加最终会改善它的国际收支。由于进口产生了漏出,而外国反应的存在会促进进口上升,这一增量将弥补一部分进口漏出,所以一般来说,有外国反应的乘数小于封闭经济的乘数,大于无外国反应的开放经济乘数。同时乘数分析法还将收入因素引入马歇尔—勒纳条件中,创造了更为严格的本币贬值改善贸易收支的哈伯格条件(Harberger Condition),即 $\eta_X + \eta_M > 1 + m$。

亚历山大(Sidney Alexander)认为,弹性分析法对货币贬值缩减贸易收支差额的作用看得过于简单了,他在《贬值的贸易差额效应》一文中提出了国际收支的吸收分析法,认为只有当货币贬值引起的一国商品、劳务产出的增加超过其吸收能力的增加时,该国的国际收支才会得以改善。国际收支的表达式为 $\Delta B = (1 - a) \Delta Y - \Delta A_0$,货币贬值后会分别通过闲置资源效应和贸易条件效应影响国民收入,同时通过现金余额效应、国民收入再分配效应和货币幻觉效应影响总吸收。吸收分析法主要基于国民收入核算恒等式,收入和吸收固然会影响贸易收支,但反之亦如是,所以容易落入循环论证的陷阱。

20世纪60年代末期,约翰逊(Johnson)、弗兰克尔(Frenkel)和蒙代尔(Mundell)等人创立并发展了国际收支调节的货币分析法,在他们的分析中一个显著特点是将货币市场与国际收支直接联系在一起,而不是单独考虑商品或金融市场变化的作用。在他们看来,国际收支本质上是一种货币现象,一国国际收支出现逆差是因

---

① 这些假定主要包括:资源尚未充分利用、所有价格都是刚性的、缺乏资本运动、所有的出口品都是当期生产的。

为其国内货币供给超过了货币需求，而一国国际收支出现顺差则是因为其国内货币供给低于货币需求。在固定汇率下，即使货币当局不采取任何措施，货币市场的不平衡也是不可能长期存在的，它可以通过货币供给的自动调整机制自行消除，即货币供给通过国际储备的流动来适应货币需求。

20 世纪 80 年代，在 Obstfeld 和 Rogoff 等人的努力下，微观经济学中的优化理论开始被应用到开放经济条件下的宏观经济学中，形成了经常项目的跨期分析法。[①] 开放经济条件下，一国代表性居民为实现其最优消费路径，可以根据自身偏好、市场利率等情况合理选择借贷活动，打破了传统分析静态分析法中一国投资必须等于储蓄的假设。在这样一种框架下，可以引入产出变动、税收、生产率冲击等变量。

二 人口年龄结构、高储蓄与外贸顺差

在诱致性的生育行为变迁和强制性的人口干预政策下，中国出现人口转型，幼儿抚养负担持续下降，劳动适龄人口比重不断攀升，中国经济正处于"人口红利"集中释放期。然而，随着人口老龄化的临近，社会和居民需要通过储蓄来为他们退休时的消费进行融资。针对人口年龄结构的这种变化对储蓄和贸易收支产生的影响，国内外学者展开了一系列研究。

（一）理论方面

1. 主要的储蓄理论

预防性储蓄理论认为，随着传统农业社会向现代工业社会的结

---

① 这一方法主要依赖于 Fisher（1930）开创的跨期最优消费模型，它假定人是风险规避的，商品消费的边际效用是递减的，只有当人们放弃当期消费所牺牲的效用在未来得到（主观上的）等值的补偿时，人们的消费决策才是最优的，其最优化条件为欧拉方程 $U'(c_1) = \beta(1+r)U'(c_2)$。

构转型，居民面临的风险急剧增加，从而不得不增加储蓄以备未来的不时之需（Chamon & Prasad，2008）。目标性储蓄理论指出，考虑到结婚、生育以及退休等重大事件，个体消费可能会对当期收入过度敏感，并导致多重均衡。竞争性储蓄理论强调，在性别比例失衡的背景下，男性为了赢得婚配市场上的优势，倾向于增加储蓄以购置房产（Wei & Zhang，2011）。此外，基于个体心理的分析表明，人们的储蓄行为与以往的生活经历有关，在高中阶段接受过理财教育的学生，在成年后倾向于增加储蓄以积累更多的财富，有过大饥荒经历的个体，可能会被激发出非理性的预防性储蓄动机，以增加安全感（程令国、张晔，2011）。

2. 人口结构与储蓄

人口年龄结构对于储蓄的影响主要基于生命周期模式，[①] 虽然个体年轻时收入较高，但他们通常不会将其全部用来消费，而是将其中的一部分储蓄起来，以备自己在年老时使用，个体的储蓄是一个先上升而后下降的过程。如果社会中适龄劳动人口比重较大，那么人口抚养负担较轻，相应的总储蓄率会较高。Modigliani 和 Cao（2004）的研究表明，影响总储蓄率的主要力量是人口结构，特别是工作人口和非工作人口之比最为重要，非工作人口只消费不生产，因此会降低储蓄率。Feroli（2005）认为个人一生中的劳动供给类似"驼形"（Hump Shaped），在其职业生涯的早期，供给位于驼谷，中年时逐渐绵延至驼峰，此后衰减，而消费平滑意味着驼峰是个体的黄金储蓄期（Prime Saving Years）。Loayza 等人（2000）指出人口老龄化是困扰发达国家的一大难题，而"婴儿潮"的出现则是 20 世纪

---

① 生命周期理论主要归功于美国经济学家 Modigliani（1957），其主要观点是：每个家庭在每一时点上的消费和储蓄决策都反映了该家庭的成员希望在各个生命阶段达到消费的理想分布，以最大化其一生效用。这与凯恩斯消费函数理论强调短期分析，认为当前消费主要与即期收入相联系是有区别的。生命周期假说理论认为，在人口构成没有发生重大变化的情况下，边际消费倾向是稳定的，反之边际消费倾向则发生变化。

下半叶亚洲国家储蓄率增长的重要动力。徐晟（2008）在生命周期理论基础上，推导出人口年龄结构与储蓄率的关系式为：

$$HS = \frac{\alpha\chi_m + \beta\chi}{1 + \alpha\chi_m + \beta\chi} - \frac{\chi_m}{1 + \alpha\chi_m + \beta\chi}\frac{M}{W} - \frac{\chi}{1 + \alpha\chi_m + \beta\chi}\frac{R}{W}$$

3. 养老保险制度与储蓄

养老金实际上是资产组合篮子中的一类，与其他金融资产之间存在"替代关系"，所以养老保险制度会抑制储蓄。Attanasio 和 Brugiavini（2003）利用意大利的数据研究发现，养老金改革与私人储蓄之间的替代弹性介于 -0.4 ~ -0.3，并且 35 ~ 45 岁年龄段的人群替代弹性最大。何立新等（2008）利用城镇住户调查数据（CHIPS）的研究也有类似发现。李雪增、朱崇实（2011）的研究表明，近年来居民储蓄率受惯性因素的影响最大，短期内中国的养老保险制度改革对于平抑储蓄难以奏效，养老保险制度的长期完善将弱化不确定性对家庭的冲击，稳定居民预期，增加家庭消费。Rojas 和 Urrutia（2008）认为，社会保障体制的改革，完善了资本市场的运作效率，减少了预防性储蓄。

养老保险制度引起了个体消费认知以及边际消费倾向的变化，提高了当期储蓄。Cagan（1965）认为，养老保险制度具有"认知效应"（Recognition Effect），它使个体认识到储蓄对于老年生活的重要性，从而改变工作期间的消费函数，以增加储蓄。Thaler（1994）的行为生命周期理论指出，个体在进行消费规划时，会衡量抵制现期消费诱惑的心理成本，同样的财富会由于个体心理成本的差异而出现不同的边际消费倾向。Samwick（2000）认为，在现收现付制向基金制转轨的过程中，如果转轨成本是通过税收而不是债务方式实现的，则稳定状态下储蓄率可能会提高。白重恩等人（2012）的研究发现，社保水平的提高如果要通过增加职工的缴费负担来实现，则会导致职工当前可支配收入的下降，在信贷市场不完善且人们有目标性储蓄动机的时候，这样的政策很可能会抑制当前消费。

社会保障制度对储蓄的影响是"中性"或者不确定的。Yakita（2001）认为，由于个体预期寿命的不确定性和养老金市场的不完善，社会保障对储蓄不会产生实质性影响。顾海兵、张实桐（2010）认为，社会保障的主要功能在于把高收入者的一部分收入转移至低收入者，如果不考虑这两类群体的边际消费倾向差异，那么它对总消费和总储蓄的影响是"中性"的。Feldstein（1974）认为，社会保障会从"资产替代效应"（Asset Substitution Effect）和"诱致退休效应"（Retirement Effect）两种相反的方向影响储蓄。

4. 人口结构与外贸顺差

Higgins（1998）的研究发现，个体在投资需求上的重心较之于储蓄供给要来得早，如果一个地区的人口年龄结构中有大量人口位于高储蓄期，他们将不得不把多余的储蓄出口，出现所谓"代际转移意义上的外贸顺差"。Higgins 和 Williamson（1997）的另一项研究表明，如果使用线性方程组，那么在开放经济中，年龄构成对总储蓄和总投资影响的差额等于年龄构成对经常项目余额的影响。当一个经济体的人口年龄构成呈年轻化时，国内储蓄相对于投资机会而言存在缺口，所以需要从国外借钱；当一个经济体处于收入高峰期的劳动人口比例过高时，它将倾向于出口剩余储蓄。Lane 和 Ferretti（2001）认为，工作年龄人口的结构对国外净资产有重要影响，表现为相对年轻的劳动力人口导致相对低的储蓄率与相对高的投资率，而年老的劳动力则相反。表 1 - 1 中列出了有关人口年龄结构与经常项目余额的一些主要理论模型。

对于如何模拟人口年龄结构变化带来的影响，IMF（2004）做过总结。它将其归纳为三种模型：*INGENUE* 模型（2001）分离出欧洲、北美和日本三个发达地区，以及三个处于不同人口转型阶段的不发达地区作为代表，每一个地区由居民、企业和公共部门组成，均衡条件由劳动力市场和资本市场共同决定；MSG3 模型将世界分为美国、日本、其他 OECD 成员国以及发展中国家，每个国家有能源、非能源和资本制造三个部门，该模型具有真实商业周期模型的特征，即经济参与人是前瞻性的，工资和价格是黏性的。Tosum 模型是基于 Diamond 模型（1965）发展而来的，它将世界分为发达地区和不发达地区，每个地区都由工作人口与退休人口组成，模型充分考虑了家庭、企业和公共部门之间的相互作用。[①]

表 1 - 1　人口年龄结构与经常项目余额关系的理论研究

作者	研究对象	模型结构	数值模拟的主要结论
Domeij 和 Floden（2003）	OECD 国家	考虑了个体的存活率、遗产以及资本重置中的成本；人口因素是外生变量；各国生产技术是相同的；劳动力不可以跨国流动，资本可以跨国流动	一国的经常项目状况取决于该国在人口老龄化上的相对时间安排，模型预测在未来 20 年中南欧国家和爱尔兰的经常项目将改善，而美国和斯堪的纳维亚国家在经常项目上将恶化
Brooks（2003）	世界	四期的 OLG 模型，利用 Becker 和 Barro（1988）的思路巧妙地将"利他主义"纳入效用函数	欧盟和北美地区快速的人口老龄化提高了这些地区的储蓄，并驱使资本流向非洲和拉美地区
Feroli（2006）	G7 内部	多地区、多期限模型，研究假定国民储蓄就是私人储蓄，从而剔除了政府财政政策的影响，没有得到各变量的显示，但给出了储蓄和投资的隐含表达式	人口因素较好地解释了美国和日本的贸易收支情况，但不大适用于欧洲。此外，理论上北美较低的人口抚养负担反映在贸易收支方面应该是顺差，但事实却相反。因为其贸易伙伴国的人口抚养负担更轻，从而暗示一般均衡分析在这一问题上的重要性

---

① International Monetary Fund（2004）："World Economic Outlook", Special Chapter on *The Global Demographic Transition*, Washington DC: International Monetary Fund, pp. 137 - 180.

续表

作者	研究对象	模型结构	数值模拟的主要结论
Ferrero（2005）	美国相对余下 G7 国家	经济中工作人口和退休人口并存且消费倾向有别，总消费由两类人口消费的加权平均得到	人口出生率的相对变化和人口老龄化的相对冲击是影响美国消费和经常项目逆差的重要原因
Batini 等人（2006）	日本、美国、欧洲地区的主要工业化国家，以及发展中国家	不同于一般的动态跨期一般均衡模型，它考虑了三个地区的生产技术、名义和实际刚性、拇指法则，引入了前瞻性的生产者和消费者，采用了校准法（Calibrate），带有实际商业周期模型的特征	因为人口抚养负担，日本在 2005 年增加了 4% 的储蓄，在 2007 年减少了 11% 的储蓄；美国在 2005 年减少了 3% 的储蓄，在 2040 年将为此增加 5% 的储蓄。因为人口转型，工业化国家的储蓄率将下降，经常项目恶化，在这一点上日本尤为突出，而发展中国家的经常项目将改善

（二） 实证方面

　　Higgins（1998）利用 100 多个国家的面板数据发现，人口抚养比与国内储蓄以及经常项目余额之间存在负相关关系，以日本为例，1950～1980 年其国内储蓄率的 5.6% 和经常账户余额的 7.1% 可以从人口年龄结构方面得到解释。Herbertsson（1999）使用 84 个国家 30 年的面板数据进行实证研究，结果表明 10% 的工作人口变动造成了 4% 的经常账户变动。Ralph（2007）研究了南北国家之间的人口因素差异对储蓄、投资和国际资本流动的影响。王仁言（2003）的研究发现，在 103 个经济体中，亚洲 17 个经济体的人口抚养比与经常项目余额的负相关关系显著，相关系数为 -0.59，对经常项目余额的解释度达到 35%，人口抚养比每下降 1 个百分点，经常项目占 GDP 的比重就会上升 0.29 个百分点。Kim 和 Lee（2007）采用面板

VAR 模型考察了人口年龄结构对东亚地区储蓄、投资以及经常账户的影响，结果表明抚养比特别是老年抚养比的提高会明显降低储蓄率进而恶化贸易收支，见表 1 - 2。

表 1 - 2　人口年龄结构与储蓄、经常项目余额关系的实证研究

作者	样本来源	模型方法	解释变量	主要结论
钟水映和李魁（2009）	中国 30 个省级行政区 1990 ~ 2006 年数据	二步系统 GMM 估计法	人口抚养负担、习惯、收入、不确定性、收入分配差距、社会保障、经济环境、货币财政政策、城镇化、劳动参与率	少儿抚养比对储蓄率具有显著影响，且在 10% 水平下显著为负，老年抚养负担对储蓄率的影响为正，但不显著
李文星等（2008）	中国 29 个省级行政区 1989 ~ 2004 年数据	动态面板数据法	少儿抚养比、老年抚养比、实际人均 GDP、城市居民人均可支配收入、农村居民人均纯收入、实际利率、通货膨胀率、财政盈余等。	少儿抚养比对居民消费具有负效应，但影响不大，老年抚养比对居民消费的影响不显著。研究发现中国居民的消费习惯非常稳定
朱庆（2007）	中国 1986 ~ 2005 年数据	OLS 法	人口年龄结构、经济开放度、实际利用外资额、固定资产投资、汇率	劳动年龄人口比重与经常账户之间存在正相关关系，并且在 5% 水平下通过显著性检验
Higgins（1998）	全球 100 多个国家 1950 ~ 1989 年数据	时间序列和固定效应模型	人口年龄结构、劳动生产率增长、投资品的相对价格	25 ~ 29 岁以前人口和 65 ~ 69 岁以后人口占比增加倾向于经常项目逆差；34 ~ 64 岁人口占比增加倾向于经常项目顺差

续表

作者	样本来源	模型方法	解释变量	主要结论
Kim & Lee (2007)	东亚 10 个地区 1981~2003 年数据	面板 VAR	人口抚养负担、实际GDP、实际利率、国民储蓄率、经常账户余额	若东亚地区人口抚养比提高,储蓄和投资都将下降,但前者下降得更快,以致经常账户余额也下降。此外,储蓄最大降幅发生在第 10 年,为 0.4%,经常账户余额最大降幅发生在第 14 年,为0.4%

Lührmann(2003)强调,不仅现有的人口年龄结构会影响贸易收支或国际资本流动,经济参与人对于未来人口年龄结构的前瞻性预期(forward-looking)亦如此,同时他将递归法应用到了迭代模型中。经验研究方面,他认为现有的对于人口年龄结构的测度存在问题,直接采用少儿抚养比和老年抚养比会带来多重共线性,建议采用 Fair 和 Dominguez(1991)的做法,即充分利用人口年龄结构的全部信息,从而避免由多重共线性带来的模型识别问题。IMF(2004)也曾就人口变化问题做过研究,它们收集了全球 115 个国家 1960~2000 年数据进行面板数据法分析,计量模型为 $Y_{it} = \alpha_i + \beta \cdot Demo_{it} + \gamma \cdot Z_{it} + \varepsilon_{it}$ 的形式,Demo 代表人口年龄结构,Z 涵盖收入、财政预算、外国净资产、货币供给(M_2 层次)、贸易条件的标准差、贸易量、是否为石油供给国(虚拟变量)等其他控制变量。研究表明,工作人口比重每增加 1 个百分点,人均 GDP、储蓄率、投资率、经常账户占 GDP 比重就会分别提高 0.08、0.72、0.31 和 0.05 个百分点;老年人口比重每增加 1 个百分点,人均 GDP、储蓄率、投资率、经常账户占 GDP 比重分别就会下降 0.041、0.35、0.14 和 0.25 个百分点。

三 人口流动、高储蓄率与外贸顺差

人口流动对于外贸顺差的影响主要沿着两个思路展开，第一个是内部经济思路，认为人口流动增加了储蓄，扩大了国内储蓄投资缺口，从而产生了顺差；第二个思路是外部经济思路，认为人口流动是加工贸易的主要促成者，并经此生成了顺差。

(一) 中国人口流动研究

刘易斯 (1989) 曾将发展中国家的经济概括为典型的二元经济，其发展的实质在于农业剩余劳动力在现代部门的重新配置，传统农业蝶化为现代一元经济的组成部分。王西玉等人 (2000)、蔡昉 (2000)、李勋来和李国平 (2005)、郭剑雄和李志俊 (2009) 基于二元结构理论，对中国人口跨地区、跨行业流动进行了理论阐释和经验分析。人口流动涉及的问题多种多样，如人口流动的动因、人口流动的选择性、人口流动的速度、人口流动的经济效应，考虑到本书的研究重心，这里仅仅考察人口流动对于收入增长的影响以及人口流动在未来可能的发展情况。

马忠东 (2004) 等人的研究表明，工资性收入占农民纯收入的比重迅速上升，由 1990 年的 20.2% 上升到 2000 年的 31.2%，而打工收入已经成为工资性收入的主要部分。王卫等人 (2007) 的研究显示，人口流动可以促进劳动力与资本的更好结合，体现市场对资源的有效配置，外出务工对收入增长有积极影响，进而有效抑制城乡之间、地区之间收入分配差距拉大的态势。丁霄泉 (2001) 发现，人口流动对中国 TFP 的贡献占到 32% ~ 45% (样本期为 1979 ~ 1998 年)，远高于美国 13% 的水平 (样本期为 1948 ~ 1969 年)。逯进和朴明根 (2008) 发现，各省区的人均产出与人口迁移率之间存在较高的正相关性，不过在省级人口迁移中没有发生地区间经济发展水平的趋同。

对于人口流动未来发展的判断，有以下几种观点：蔡昉和王美艳（2007）、蔡昉（2007a，2007b，2007c，2008）、王德文（2009）认为中国已经进入刘易斯拐点，近年来的民工荒、用工短缺以及民工工资平行多年后的上涨是中国农村剩余劳动力由无限供给向有限剩余过渡的一个转折性标志。白南生（2009）认为工资的上涨可能源自政府的最低工资制度，而不是反映了劳动力的供求平衡，农业生产方式的变化，会不断释放农业劳动力，所以断言刘易斯拐点已经到来有待商榷。南亮进（2009）认为，判断刘易斯拐点应根据边际生产力，而不是工资水平，工资上升可能只是当期经济景气的结果，它不会改变劳动力市场的根本态势。

（二）　人口流动、储蓄效应与外贸顺差

外贸顺差本质上反映的是储蓄与投资间的缺口，就中国近些年的宏观形势看，外贸顺差并非源于投资不足，而是储蓄高悬，这促使一些学者对中国的储蓄情况进行了系统研究。李扬和殷剑锋（2005）认为，劳动力转移过程中，储蓄率与新古典模型和一般的AK模型有所不同，表现为劳动力转移后，资本回报率高于拉姆齐状态，高储蓄率是劳动力转移中的正常现象。其结论的数学表达式为：

$$s = \frac{K}{Y} = g_K \frac{K}{Y} = \frac{g_K}{\Omega} \times \frac{K}{1 + (E\bar{l}_j - 1)K}, \quad \dot{s} = \frac{g_K}{\Omega} \times \frac{1}{[1 + (E\bar{l}_j - 1)K]^2} \times \dot{K},$$ 储

蓄率随资本存量的增加而上升，但将收敛于某个水平，在劳动力转移过程中，储蓄率的动态变化与劳动力的转移率是一致的。

Bagnai（2009）认为中国农村居民的边际消费倾向虽然要高于城市居民，但其收入水平要远低于后者，其结果是城市化越深入，人口转移越充分，国内总需求越高，储蓄和外贸顺差越少。设两类居民的边际消费倾向为 β^R 和 β^U，人均收入为 y^R 和 y^U，v 表示城市居民占居民总数的比重，不考虑企业和政府因素，得到 $\frac{c}{y} =$

$$\frac{\beta^R y^R (1-v) + \beta^U y^U v}{y^R (1-v) + y^U v}, \quad \partial \left(\frac{c}{y}\right) / \partial v = \frac{\beta^U y^U - \beta^R y^R - (y^U - y^R) \dfrac{c}{y}}{y^R (1-v) + y^U v}。$$ 可见,

人口流动对于消费的影响取决于两类居民边际消费倾向和人均收入的交叉作用。但 Bagnai 定义中的人口流动是严格意义上的农村居民彻底转变为典型的城市居民,而当前户籍制度的顽固性存在,屏蔽了流动人口对城市中有限资源的获取,这也是中国为什么没有呈现 Bagnai 的研究中人口流动缓解外贸失衡的原因。

(三) 人口流动、 加工贸易与外贸顺差

现有文献中对加工贸易与外贸顺差的研究著述颇丰。牟新生 (2007) 认为加工贸易两头在外,无论是通过来料加工还是进料加工,最终产品一般销往国外,在中国境内所形成的增值部分自然构成顺差,国家统计局 (2006) 的数据也显示如此。余永定 (2007) 主张,在当前国际生产网络化背景下,任凭储蓄和投资关系如何,也无论宏观经济周期怎样变化,由加工和装配地位所决定的加工贸易是一定要创造贸易顺差的。张二震 (2006) 认为,中国的贸易顺差是全面融入国际分工体系的必然结果,必须从国际分工发展的新特点出发,从全球化演进的新趋势出发,从全球生产和贸易格局发生的根本性变化角度,来看待和研究中国的贸易顺差问题。

加工贸易只是中国参与国际分工的现实表现,不是分工的基础。相形之下,人口禀赋及其在空间上的配置,特别是近些年来的人口流动才是国际分工和外贸顺差的决定性条件。试想如若没有人口大规模流动带来的人口资源在空间和行业上的重新配置,中国的劳动力禀赋优势便不能得以释放,也就不可能同国际产业转移形成有效对接,加工贸易和外贸顺差也就无从谈起。因此,肯定加工贸易对外贸顺差的作用,便等于承认了人口流动对外贸顺差的积极影响。杨正位 (2008) 认为,中国人口资源丰富,劳动力成本只几及美国的 5%、巴西的 18%,有利于国际产业转移,致使加工贸易比重占

中国总出口的一半以上，并成为顺差的主要来源。汇丰银行首席经济学家屈宏斌（2006）强调，贸易顺差不仅仅是一种货币现象，其背后所折射的实际上是农村劳动力流动到现代化全球生产体系，这就暗示了人口流动对外贸顺差的影响。[①]

四　其他相关研究

卢锋（2006）根据"巴拉萨—萨缪尔森效应"，指出中国可贸易部门（制造业）相对于不可贸易部门（服务业）劳动生产率的增长，引起人民币实际汇率的错位，并使出口竞争力增强。谢建国和陈漓高（2002）、王仁言（2003）、Cheung（2009）的研究表明，长期以来人民币汇率与贸易差额的相关性并不十分显著，汇率的变动对贸易收支变化的解释力较弱。Cerra 和 Saxena（2003）利用1985～2001年季度数据进行了实证研究，发现中国出口对汇率的敏感度较低，即便在 1994 年人民币汇率体制改革以后，两者间仍然呈现出弱相关性。谭雅玲（2007）认为中美两国不同的经济模式对经常项目不平衡有较大影响，中国的经济模式为供给型，其本质是一种积累资金、积累财富、积累实力的"挣钱"经济模式；而美国是需求型模式，其本质是一种扩展财富、投资消费财富、强化财富实力的"花钱"经济模式。余永定（2006）认为，中国的双顺差是中国经济过度依赖外需、过度依赖外资、国内要素市场特别是金融市场改革滞后、政府不当干预过多特别是地方政府在错误的政绩指导下盲目引资的结果。王宇（2008）指出，新中国成立后，在"出口导向型"经济发展战略下，中国政府通过各种政策鼓励储蓄、抑制消费，

---

① 传统上把户籍变动的居住地变化叫作"迁移"，而把没有户籍变动的居住地变化成为"流动"，但在 20 世纪 80 年代后，没有户籍变动的劳动力流动现象趋于普遍，所以上述区别渐于淡化。详见蔡昉《中国二元经济与劳动力配置的跨世纪调整》，《浙江社会科学》2000 年第 5 期，第 18～22 页。

结果造成庞大的生产制造能力主要服务于出口，特别是向美国市场的出口。

林桂军等人（2008）在 Kuijs（2006）的研究基础上利用国家统计局数据，将中国的储蓄分解成政府、企业和个人三个层次，系统研究中国的储蓄行为，并进而对外贸顺差做出解释。李扬（2006）认为，储蓄投资缺口造成了中国长期的贸易顺差，而高储蓄率不断攀升的主要原因在于政府，政府是最大的储蓄者。Caballero 等人（2008）的理论暗示中国之所以产生巨额外贸顺差，其基础在于中国缺乏"硬资产"，只有美国、欧洲国家和日本才能提供安全性和流动性较高的储蓄工具。Cooper（2008）从全球经济出发，同时考虑顺差国和逆差国的因素，在资产组合理论基础上，考虑多余储蓄在各国间的配置。他认为，如果每个投资者都不特别偏爱其母国（Absence of home bias），而是平等地看待世界上每一个国家和地区为其提供的投资机会，那么各个国家或地区的净储蓄占其 GDP 的比重就应该是相等的，美国由于经济总量大，所以吸收的储蓄较多。这种观点与 Caballero（2008）的结论是可以相互印证的，即有些国家之所以处于顺差，原因在于它们的金融体系落后，不能够像美国一样提供"硬资产"，所以储蓄外流，经常项目处于顺差。

第三节　研究思路及结构安排

一　研究思路

Bagnai（2009）在最近的一项研究中指出，探讨全球经济失衡有三个不同视角：[①]（1）储蓄—投资缺口法（余永定，2006），这种

[①] Mann 也做过类似的归纳，见 C. Mann（2002），"Perspectives on the U. S. current account deficit and sustainability", *Journal of Economic Perspectives*, 16, pp. 131 – 152。

方法从中国宏观经济的现实，即高投资和高储蓄出发，将中国的外贸顺差归咎于高储蓄，高储蓄在一定程度上与外贸顺差属同一语义。（2）弹性分析法，通过考察汇率变化研究其对贸易收支的影响，这是美国贸易保护主义者固有的一种看法，他们认为自2002年以来，在欧元、日元已经大幅升值的背景下，中国的贸易顺差或者说美国的贸易逆差主要因为人民币钉住美元而夺取了不公平的国际竞争力。（3）全球资产组合法（Eichengreen & Hausman，1999），在一些发展中国家和新兴的市场经济国家，其国内货币不能进行国际借贷，甚至不能进行长期的国内借贷，这使它们饱受货币和期限的双重不匹配之苦，为避免受到投机性攻击，不得不长期保持经常项目顺差。①

本研究寄希望于从人口方面考察中国经济内外失衡的成因，是一种基于实体经济的思路，这里特别澄清两点：（1）某些学者认为基于国民收入恒等式基础上的储蓄—投资法只具有统计学上的意义而不具有解释宏观行为的功能，它可以把任何国家任何时期的外贸顺差诠释为消费不足，或者是投资欠缺，再或者是两者同时存在。笔者以为它恰恰是从国民收入核算的角度为分析问题提供了很好的思路。虽然恒等式本身因不能被证伪而缺乏学理意义，但这仅适用于恒等式命题本身，当对恒等式中各个组成部分加以分析时，将是另一幅图景。②（2）部分学者认为并不是高储蓄诱发了高顺差，而是因为创造了贸易顺差才被迫带来了高储蓄。回答这样一个问题，必须从经济学的原始要义谈起。毋庸置疑，消费者是要最大化其效用的，而效用来源于商品的消费，与其他变量相比，消费更具基础性，投资和出口都可视为储蓄的手段，是对消费的被动适应。作为

① 与此相对应的另一极是："超主权"货币缺失，美元作为国际储备货币独霸天下，美国大肆发行纸币，向全球征收铸币税，然后再来购买全球商品。
② 余永定（2006）、Bernanke（2005）、Blanchard（2007）、Joseph和Steven（2005）、Cooper（2008）均持有类似的看法。

消费的一个镜像，储蓄与消费在地位上是齐平的。因此，有理由认为很大程度上是高储蓄创造了高顺差。

近些年，中国的国内投资一直在高位运行，最近五年投资率均在40%以上，远远高于其他同类国家，将外贸顺差归于投资不足恐难以成立，这暗示应该更多从储蓄方面寻找中国外贸顺差的成因。就人口年龄结构而言，随着中国人口出生率的降低，整个社会的人口年龄结构发生变化，表现为劳动适龄人口比重增加，人口抚养比下降，社会储蓄率增加。此外，人口的跨行业、跨地区流动最终促成了加工贸易在中国的落地生根，这种特殊性质的附加值贸易必将引起顺差式的外部经济不平衡。

此外，本研究还运用了计量方法来验证人口因素对经常项目余额是否存在显著影响。同时考察了其影响的方向和程度。除人口因素所涵盖的两个维度外，为不失一般性，本研究亦引入了人民币汇率作为解释变量，实证结果基本可以肯定人口因素与外贸顺差之间的预期关系。进一步的方差分解表明，长期以来的人口因素对经常项目余额的影响逐渐上升，二者之间的单相因果关系有强化趋势。

二 具体的结构安排

本书以导论→现象描述→理论模型→实证检验→主要结论为脉络，分为七个章节，具体安排如下。

第一章为导论部分。主要涵盖选题的背景和意义、相关概念的界定、研究的主旨和方法、已有研究的文献评述、文章的写作思路、重点、难点、创新点以及不足之处。

第二章为现象描述部分。主要对中国贸易收支、人口年龄结构以及人口流动做背景介绍，在对相关统计资料进行整理和测算基础上，给出能够反映上述变量大致情况的具体数值。在人口流动过程中，笔者还阐明了由限制走向松动的原因和历程，借此反映人口要素在配置上的动态变化。

第三章主要分析人口年龄结构转变的储蓄效应。在生命周期模型基础上，考察人口结构对社会总储蓄的影响；此外，笔者还考虑了与人口年龄结构变化密切相关的养老保险制度的变化，通过引入虚拟变量的形式，考察了中国养老保险制度转轨对储蓄的影响。

第四章主要分析人口年龄结构转变对外贸顺差的影响。在阐述了人口年龄结构变动的储蓄效应、投资效应基础上，利用储蓄投资缺口法来说明它的顺差倾向。同时，还将它拓展至对其他国家的分析，在人口年龄结构的国别比较和数值模拟中，论证既有变量间的关系。

第五章主要从人口流动视角来透析外贸顺差的原因。人口流动中的帕累托改进提高了资源的配置效率，带来了高产出，然而，新增风险、收入分配不均等抑制了消费潜力的释放，造成国内消费低迷。此外，部分流动人口进入加工贸易部门，也助推了中国的外贸顺差。

第六章是人口因素对贸易收支综合效应的实证检验。借助协整分析和方差分解来检验人口因素与外贸顺差之间是否存在长期的因果关系，如果存在，那么各种因素在影响贸易收支上的重要性程度也需要检验；同时运用动态面板数据方法考察了人口年龄结构、人口流动与外贸顺差在不同子样本区间上的表现。

第七章是全书的主要结论和政策建议。本章首先对全文的研究结论进行了归纳和总结，其次在研究结论和现实状况的基础上给出了具体的政策建议，最后就人口年龄结构、人口流动以及贸易收支的未来走向进行了展望。

三 研究的重点与难点

本研究重点集中在两个方面：第一，人口年龄结构与贸易收支的关系是宏观现象，而不同生命阶段对个体储蓄的影响属于微观层面，本研究以代表性个体为基础，采用加总法将二者对接。由于与人口年龄结构直接关联的是储蓄，所以要研究人口年龄结构与贸易收支的关系就必须以储蓄为传导性变量，利用储蓄投资缺口法对贸易收支的定义将贸易收支表达为人口年龄结构的函数。第二，人口流动影响外贸顺差的主要机制是什么？本研究将之归结为三个方面：因劳动力资源再配置带来的增长效应；因人口流动中风险因素增加、收入分配不均产生的储蓄效应；人口流动基础上加工贸易带来的增加值效应。如何系统论述这三种机制是本研究的又一重点。

本研究的难点体现在：第一，人口年龄结构对储蓄的影响仅限于本国范围，而贸易收支是两国"交互"作用的结果，也就是说，一国贸易收支同时是两国人口年龄结构的函数，那么如何利用外生变量之间的关系，又如何将它们写入数学表达式，进而推导出人口年龄结构与贸易收支的关系呢？第二，从静态角度来看，人口流动带来的贸易收支与加工贸易总额是一种比例关系；但从动态角度来看，加工贸易会产生技术的偏向性，进而对劳动力配置、进出口规模产生影响，如何从理论上刻画这种影响呢？第三，对于流动人口的测算，一直存有较大的争议。如何找出一个恰当的测算方法呢？由于本研究的人口流动不同于一般意义上人口学中的相关定义，而是近似于二元经济理论中的劳动力转移，加之研究的主旨在于外部经济失衡，所以在测算上又不能完全等同一般的劳动力转移。

四 研究的创新及不足

（一）主要创新

第一，在以往分析经济失衡的人口因素时，多数考虑的仅仅是人口年龄结构，出于对中国现实人口状况（包括静态和动态）的考察，本研究将人口流动也引入其中，以体现二元经济结构下的劳动力转移，丰富了中国外贸顺差中关于人口因素的内涵。不仅如此，在讨论人口流动对贸易收支的影响时，笔者把它与加工贸易联结起来，这样做既吸纳了关于外贸顺差成因的主流观点，同时又在更为基础的层面上证明了这种观点的合理性。

第二，现代经济学发展的一个重要方向是致力于构建宏观经济现象的微观基础，实现宏观与微观的统一。储蓄、贸易收支与人口年龄结构均属于国家宏观经济层面的问题，如何寻找一个恰当的微观基础，从这个基础出发，把它与人口年龄结构和外贸顺差联系起来呢？本研究选择了一个存活四期的代表性个体，其在不同生命阶段中的生产和储蓄行为是有差异的，这样就能够刻画出个体的特性。然后，再对社会中不同年龄段的人口数量进行假定，将先前推导出的个体在不同生命阶段中的储蓄行为代入其中，获得一国的总储蓄。

（二）不足之处

第一，本书在分析人口因素对经济失衡的影响时，将人口年龄结构与人口流动视为两个平行的因素，实际上它们之间可能存在交叉影响。一方面，中国劳动适龄人口比重高，劳动力要素充裕是人口流动的一个重要基础；另一方面，人口抚养负担可能并不仅仅限于单一年龄意义，如果适龄劳动力无法找到工作岗位，获取劳动报酬，那么他也应该属于被抚养者，所以严格意义上的人口抚养负担不仅应该考虑人口年龄结构，还应该考虑到适龄劳动力的就业情况。人口在地区、行业上的流动增加了就业，减轻了人口抚养负担。所以，如何将这两种因素纳入统一的范式下进行研究，有待进一步努力。

第二，少儿人口与老年人口之间的消费差异很大，即使是被抚养人口总数相等，但少儿人口和老年人口的结构不同也会导致被抚养负担完全不同（肖周燕，2004）。本书在计算人口总抚养比时，将少儿抚养比与老年抚养比直接简单相加，有失严谨。加之不同产业劳动者的生产能力是有差异的，所以在计算实际人口抚养负担时，还应该引入就业的产业结构（周渭兵，2009）。

第三，文章在分析人口流动对经济失衡的影响时，还显得薄弱，不够深入。笔者的观点是：人口流动带来了高增长，引起了高储蓄和高顺差。可见，在人口流动对外贸顺差的传导机制中，所涉及的环节多，迂回性强，各个环节是否一如笔者预期？居民储蓄、企业储蓄和政府储蓄究竟在多大程度上源于人口流动？对于这些问题还不能给出有力的经验证明。

第四，在实证分析中，虽然突显了人口年龄结构、人口流动对经济失衡的影响，但由于受到统计资料的限制，引入的控制变量还不够全面，没有考虑影响贸易收支的其他因素，如利息率、居民的时间选择偏好、政府的出口退税政策、劳动生产率、贸易品和非贸易品等，而这些因变量的缺失会损害结论的可靠性。随着相关统计资料的完善，可以进行更为深入的研究。

第二章 中国经济失衡与人口因素
变化的典型化事实

中国居民储蓄一直处于高位运行的状态，即便是在征收利息税、鼓励个人信贷消费的刺激下，储蓄存款依旧连年攀升，居民对储蓄可谓"情有独钟"。统计显示，2011年中国农村居民的储蓄率高达25.2%，而城市居民的储蓄率更是为30.5%。储蓄高悬、消费乏力对投资和出口形成倒逼，"高储蓄、高投资、高出口"成为中国经济发展中的一道独特风景。本章内容主要介绍中国国民储蓄、贸易收支以及人口年龄结构、人口流动方面的一些基本情况。作为问题分析的开始，对中国贸易收支的走势、主体结构、地区结构、地理分布、形式结构和主要的商品类别，对中国人口年龄结构的嬗变以及人口流动的来龙去脉做一些描述性的分析。这有助于深入把握研究的宏观背景，有助于理解贸易顺差和人口因素方面的一些典型化事实。从中笔者发现，中国贸易收支方面的诸多特征与中国特殊的人口年龄结构和人口流动是相互印证的，这为分析经济内外失衡中的人口因素打下了基础。

第一节 中国外贸发展的国际经济格局

20世纪80年代以来，在贸易自由化、金融国际化和生产一体化的驱动下，中国主动融入全球分工体系，实现了生产要素的内引外连，推动本国经济融入世界经济大循环。世界银行（2013）的数据显示，2011 年中国货物和服务的贸易规模达 4.29 万亿美元，占同期世界外贸总额的 9.9%。"中国制造"渗透服装、纺织品、汽车和电子产品等各个领域，世界各国都在体验着廉价的中国产品带来的乐趣，以至于美联储前主席格林斯潘也不得不坦言，包括中国在内的新兴市场经济体为全球经济的"大稳定"（The Great Moderation）做出了贡献。"大象难以藏身于树后"，"中国元素"正深刻重塑着世界，崛起的中国正寻求着与世界的良性互动，与世界共荣共生，难以"脱钩"。

不可否认的是，中国的外贸发展也存在"不稳定、不平衡和不可持续"等问题，表现在：（1）贸易顺差规模过大，国际收支失衡凸显，严重触动着美欧等国的敏感神经，贸易纠纷不断，贸易摩擦加剧，与"多元平衡"的外贸发展思路严重抵牾；（2）国内有效需求不足，产品对外部市场依赖较大，国内经济容易感染外部冲击，与构建"安全高效"的开放型经济体系存在一定差距；（3）贸易结构不合理，商品贸易发达，服务贸易滞后，"中国服务"乏力，出口增长迅猛、进口持续低迷，有悖于党的"十八大"提出的"互利共赢"的目标；（4）随着刘易斯拐点的临近，"人口红利"的式微，劳动力的"无限供给"时代趋于终结，国内劳动力成本扬升，传统的比较优势逐渐削减，廉价劳动力托起的"中国制造"难以持续，迫切需要"培育开放型经济发展新优势"。

一　国际分工格局的深度调整

受金融危机的拖累，全球贸易增长率由 2010 年的 12.6% 下降至 2012 年的 3.2%，欧美国家居民纷纷修复其家庭资产负债表，储蓄率上升，国际市场有效需求不足。世界各国在推行新一轮科技创新计划、撬动更多产业的同时，纷纷搭建区域合作平台，出台更高的贸易标准，区域经济合作如火如荼。

（一） 以数字化制造及新型材料应用为基础的第三次工业革命催生了新的产业形态和商业模式

马什（2013）在《新工业革命》中曾经将全球制造业的发展划分为五个阶段，即少量定制、少量标准化生产、大批量标准化生产、大批量定制化生产、个性化生产，而第三次工业革命将使 3D 打印取代传统的制造环节，大批量个性化生产时代来临。随之而来的是，制造业内部自动化水平显著提升，资本有机构成上扬，制造业中的劳动成本比重下降，欧美发展制造业的劳动力成本约束缓解，制造业回迁成为重要的国际经济现象，发展中国家以低成本的劳动力融入全球分工体系的做法受到挑战。然而，第三次工业革命下的"柔性生产"现象突出，企业和企业之间的联系或简单或复杂，价值链在全球的分布将更加均匀，产业链动态重组常态化，这又为发展中国家嵌入全球经济提供了契机。

（二） 美国量化宽松货币政策的退出，将平添全球贸易的不确定性，于中国而言是"危"中有"机"

虚拟经济方面，美国退出量化宽松政策后，其国内货币供给减少，出于平仓的目的，美元将大规模回流美国，美元汇率也将步入上升通道，部分热钱将流出中国，引发金融市场动荡，而一系列对其进行对冲的货币政策短期内可能难以迅速调整到位；实体经济方面，由于全球大宗商品多以美元标价，美元汇率走高将对大宗商品价格形成压制，从而有利于全球经济的复苏和输入型通货膨胀的缓解，中国作为大豆、铁矿石、铜、煤炭等商品的重要进口国，这些商品价格的下降无疑有利于降低生产成本，增加产品竞争力。此外，美国量化宽松政策的退出是在其经济复苏势头明显的背景下产生的，美国作为全球最大的消费市场，其经济的复苏无疑有助于中国商品的出口。

（三） "跨大西洋贸易与投资伙伴协定"（TTIP）的启动，将重塑国际贸易格局，包括中国在内的广大新兴市场经济体存在被"边缘化"的风险

在多哈回合谈判搁浅、全球贸易自由化荆棘重重的背景下，TTIP的出现意味着欧盟和美国将绕开WTO重新搭建新的平台，这无疑会削弱WTO的影响力和约束力，给多边贸易带来不利影响。不仅如此，TTIP还意在主导全球贸易规则的制定，并可能使未来欧美自贸区内部的规则成为"事实上的国际规则"，其内部推行的"高标准"协议将给自贸区外的其他企业制造障碍，从而不利于新兴经济体参与国际贸易规则的制定和对本国贸易利益的维护。正如屠新全、张中宁（2013）所说："美欧在TTIP和TPP谈判中制定的任何条款、内容、技术和法规标准都将可能成为许多其他国家未来在双边、多边和区域贸易谈判上参考或借用的标准。"同时，欧美作为中国的主要出口市场，其自贸协定产生的"贸易转移效应"将会加大中国产品进入欧盟市场的难度。

（四） 上海自贸区的成立将对贸易、投资、金融、体制改革产生深远影响

按照国务院的规划，上海自贸实验区将通过先行先试，逐步推进贸易便利化，人民币资本项目可自由兑换，利率市场化，积极探索负面清单管理，深度调整管理体制，转变政府职能，实现开放与改革互促互融。上海自贸区的成立透视出政策制定者进一步深化改革、扩大开放、弱化行政审批的政策意图，宏观上对于贸易、投资管理体制，微观上对于企业经营运行机制，对于外贸、外资企业和政府之间的关系都会产生实质性影响。上海自贸区有望成为泛亚地区供应链枢纽，这为中国寻求新的国际市场，"对冲"（hedging）美欧缔结的"跨太平洋伙伴关系协议"（TPP）和TTIP提供了可能。尽管自贸区在世界各国非常流行，不再是一种新的制度安排，但是

对于中国这样一个大开大合的开放型经济体，其先行先试必将为大国的开放提供经验和示范。

（五）　贸易失衡凸显，新一轮贸易保护主义抬头，"边境效应"依然强烈，"贸易流失"仍非常普遍

发端于 20 世纪 90 年代的全球贸易失衡继续发酵，2012 年美国的经常项目逆差达 4404 亿美元，中国的经常项目顺差则为 1931 亿美元。[①] 受外贸收支失衡和国际市场萎缩的困扰，全球贸易保护主义卷土重来，各种贸易救济新措施层出不穷，反倾销、反补贴、保障措施常态化，美国国务卿霍马茨（2011）甚至抛出了"竞争中立"，认为中国的国有企业因政府的优惠政策而获取了更多的竞争优势，扭曲了竞争，威胁了美国的就业和竞争力。此外，传统的贸易保护手段主要针对的是商品的入境问题，而服务贸易以及价值链分工下的过程贸易已经使传统的边境壁垒逐步失效，取而代之的是"市场准入"问题。

二　新的国际分工格局下中国外贸发展的理论思考

在新的国际分工格局下，中国的外贸发展将何去何从？中国的外贸体量是否存在"超大"现象？外贸在未来的增长趋势如何？中国在未来将会以一种什么样的形式参与国际分工？传统的以劳动力要素为基础的贸易模式是否需要转型升级？中国的外贸顺差是否可以持续？"出口导向"能否继续构成"增长的引擎"？这些问题都需要从理论上加以廓清。

（一）　贸易规模是否存在"天花板现象"？

中国的人口规模是美国的 4.3 倍，欧元区的 4.1 倍，在某种意义上中国本身就是一个"世界"。这是否意味着中国在经济发展到某种程度

---

① 数据源于世界银行数据库，http://data.worldbank.org/indicator。

以后，会出现松巴特（1903）所说的"国际贸易重要性渐减"现象？

在经济全球化浪潮中，确实也同时存在着"去全球化""逆全球化"现象，衡量经济全球化程度的某些指标出现"退化"，贸易保护层出不穷，区域经济合作带来的排他性因素上升，国际市场留给"中国制造"的空间收窄。此外，随着中国自身经济的发展，资源环境约束趋紧，劳动力要素成本上扬，竞争优势弱化，以低端要素嵌入全球价值链进行的国际代工模式难以持续，中国需要思考下一个阶段依靠什么来参与国际分工。中国今后的外贸增长或许很难再像今天这样"高歌猛进"了，它会进入"挤压式"增长之后的自然回落阶段。但是，全球化的历史进程不可逆转，国际贸易的"基本面"不会出现根本性变化，比较优势孕育的交换利益已经牢牢将各国"虹吸"至"世界进程"中。虽然，中国以低端要素为基础的竞争优势正日渐式微，但比较优势尚存，中国与世界其他地区形成的国际合作、国际竞争和国际交换仍然是互利共赢的。

从国际贸易的发展历史看，松巴特（1903）的预言并没有成为现实，国际贸易不仅没有渐减，反而是渐增的，1961年全球出口规模占GDP的比重为12%，2012年已超过30%。① 对美国、日本、欧盟等发达国家或地区的考察，也未发现经济增长中存在"逆贸易化"现象。中国目前的外贸依存度与英国接近，在60%左右，不过如果从价值链中的增加值贸易看，中国的外贸依存度可能被高估了。因此，短期内，经济周期可能对全球贸易形成梗阻，但长期来看，中国的外贸发展没有天然的瓶颈，只要外部形势乐观，国内政策得当，外贸的发展仍然可以更进一步，外贸仍然是国内经济增长的重要驱动力。历次金融危机的历史也反复证明，世界经济贸易在危机期间将经历一段痛苦的调整，但危机过后经济全球化还将重新启程，世界贸易

---

① 数据源于世界银行数据库，http：//data.worldbank.org/indicator。

作为世界经济发动机的作用不会发生根本改变。

（二）中国在未来应该以什么样的方式参与国际分工？当工资上涨，传统的比较优势式微时，能否寻找到外贸发展新的增长点？

波特（2002）指出，开放经济条件下，各国的经济发展具有较强的能动性，比较优势不应成为增强国家竞争优势的障碍，国际贸易中出口成本低的国家、有大量顺差的国家以及在贸易总额中出口比重不断上升的国家，都不一定有持久的竞争力，国家竞争优势的本质在于创新机制的培育和创新能力的提升。未来的竞争，不再是产品的竞争，不再是渠道的竞争，而是以互联网为平台的资源整合的竞争，中国应该在开放型经济发展中融入更多的创新元素，实现开放型经济与创新型经济的互促互融，在创新基础上实现由追求开放数量和规模向开放质量和效益的转变，改变中国外贸发展中"大而非强"的颓势。

创新型经济与一般的外向型经济不同，外向型经济隐含的内容是自身的发展层次低于发达国家，因此需要通过开放引入国外的先进要素，然后进行模仿、消化与吸收，创新型经济强调依靠培育本土企业和研发机构的创新能力，发展具有自主知识产权的新技术与新产品，强调自身对技术的内生能力，但是创新型经济并不是要消灭外向型经济，而是要提升在全球生产价值链上的分工地位。由原来的低端渐渐地向生产更高技术含量的产品发展，提高关键零部件的加工制造能力，从单纯的加工制造向上下游延伸，实现外向型经济由资源驱动型向科技领先型和结构优化型的转变。从单纯注重规模扩张到重视结构优化，注重外向型经济带来的真实福利，注重本国高级生产要素的培育。

（三）中国贸易收支失衡的主要原因是什么？这种顺差式不平衡是否可以持续？

自 2004 年以来，中国的外贸顺差持续攀升，经常项目余额占

GDP 的比重在 2007 年高达 10.1%。学术界将其归结为如下原因：全球生产格局的演变——世界制造业中心转移至中国；积累资金、积累财富、积累实力的供给型或曰"生产主义"模式；干预汇率、阻止本币升值和出口导向性的经济发展战略。2008 年全球性金融危机爆发后，经常项目余额占 GDP 的比重收窄，2011 年已下行至 2.8%，对此，国内学者孙国峰、芦东（2012）等认为这是中国经济结构调整、经济内生变化、全球经济再平衡的结果，与金融危机后国际贸易活动周期性萎缩的关系不明显。然而，联合国在《2013 年世界经济发展展望》中指出，目前的贸易收支再平衡更多源于全球经济下滑，与各国储蓄率和消费模式等结构性变量关联不大，这种不平衡带来的全球金融风险依然存在。

从世界经济的大循环看，一国的贸易顺差可以被视为对内部失衡的矫正，它既消化了本国的过剩产能，又有助于弥补储蓄投资缺口，是动态经济效率的反映。理论上一国在无限期界中的净债务应该等于零，为了消除债务国所可能出现的"蓬齐博弈"，要求在趋于无穷的第 N 期，借款者的净资产现值应为零，即"横截性条件"成立。但是，大量的事实表明，道德风险、最终贷款人的缺失已成为一种常态。而引入信用经济后，由商品贸易折射出的债权债务关系要想持续，需要以债务国有完全的清偿能力为前提。2011 年美国的净外债规模达到 4 万亿美元，已经超出 GDP 的 25%，一旦外界对美国经济能否持续增长产生怀疑，并由此形成悲观预期，那么美元贬值和全球经济无序将不可避免，强劲、可持续、平衡的增长将难以实现。

（四）中国应该如何对待全球贸易组织方式的变化？面对新一轮双边和地区贸易协定，中国如何顺势而为？

当今世界，国际经济全球化与区域经济一体化并行不悖，由于多边贸易框架中"最惠国待遇"可能带来的"免费搭车"现象，多方博弈中的合作很难实现，地区贸易协定应运而生，从这个意义上看，区域经济一体化可视为国际经济全球化的一种迂回实现形式，是一种次优选择。Egger 和 Larch（2008）的经验研究表明，区域贸易协定会吸引更多的国家加入或者模仿，诱发"多米诺效应"，最终加速区域合作和多边贸易体制的"汇合"，区域贸易协定与多边贸易协定之间不是"消长"关系，前者可视为后者的"积木"。但是，Bhagwati（2013）认为区域经济一体化在原则上是好的，实践中却表现很差，他建议即便是在区域贸易协定中，规则制定和争端解决仍然应该沿用多边贸易协定的做法，TPP 和 TTIP 不应该是排他的，应该充分考虑区域组织中非成员国的意见。

区域性的贸易协定究竟是全球贸易自由化的"垫脚石"还是"绊脚石"呢？区域性贸易组织层出不穷，全球性贸易谈判搁浅或许已经给出了较好的解答，不受多边贸易体制约束的区域贸易协定已经扰乱了全球经济一体化的正常进程，日益沦为新的贸易壁垒。近期出现的 TTIP，是美欧试图通过自身市场的吸引力，将新的国际贸易规则"外化"给中国等新兴市场经济体。中国应致力于推进多边贸易体制的权威，增强多边贸易体制的"纪律"，尽可能使谈判重新回归到多边贸易框架中，推动多哈回合谈判进程，以灵活的姿态参与区域经济一体化，统筹双边、多边、区域、次区域开放合作，加快实施自由贸易区战略。

第二节　中国经济的高储蓄与高顺差

当下的中国经济可以说处于"风口浪尖"，遭遇周期性回落与结构性调整的双重邂逅，经济在前行中的不平衡风险和苗头性问题日益突出，拉迪（2013）称"不平衡仍是中国经济最大的问题"，Krugman（2013）认为中国经济面临着巨大的"再平衡"需求，并且由于西方经济体正经历着"明斯基时刻",所以中国经济再平衡的实现面临着脆弱的外部环境。当经济中消费不足时,就会出现"储蓄过剩",多余的储蓄不能转化为适度的投资,即所谓的"内部失衡";经济开放后,多余的储蓄会以净出口的形式流向他国,转化为贸易收支顺差,即所谓的"外部失衡"。

一 中国的高储蓄

世界银行(2013)的数据显示,中国的消费率在1984~2012年间平均只有57.26%,且在时序上呈递减趋势,相应的投资率和净出口率较高,分别达到40.43%和2.31%,同期美国的平均消费率为81.07%,投资率为21.74%。对此,一些专家提出了异议。李迅雷(2012)认为对于中国的经济结构存在误判,表现为投资被高估,消费被低估;朱天、张军(2013)指出中国官方对消费的统计忽略了"隐性家庭支出",例如住房消费以及个人为避税而把原本属于家庭消费的支出类别转化为企业经营成本,这些可能会低估消费在经济中的重要性;蔡洪滨(2014)认为中国的住房消费支出是在房屋的历史价格基础上进行的折旧,而其他国家则是按照"等价租金",所以按照国际可比口径,中国的住房消费被低估了,此外,中国的医疗和教育价格为国家所管制,没有反映真实的市场价值,被严重低估了。但是,即便剔除这些因素后,"宾大世界表"(Penn World Table)的数据显示,中国的消费率在2010年也只能达到60.9%,虽然较之于国内的统计高出了近10个百分点,但与全球70%~90%的消费率水平仍有较大差距。因此,"统计性遗漏"表明中国的消费低估现象确实存在,但不足以改变中国消费率偏低的基本事实,表2-1对各国的储蓄率和经常账户余额情况进行了比较。

表 2 - 1 各经济体的储蓄率、经常账户余额情况

储蓄率（%）、经常账户（10 亿美元）

类别 \ 国别	1994 年		2000 年		2009 年	
	储蓄率	经常账户余额	储蓄率	经常账户余额	储蓄率	经常账户余额
中国	43.4	6.9	36.8	20.5	53.6	297.1
德国	20.4	-29.6	19.8	-32.3	21.5	165.5
日本	30.9	130.3	28.0	119.7	23.6	142.2
美国	15.0	-121.6	17.9	-416.4	9.8	-378.4
俄罗斯	29.6	7.8	36.2	46.8	22.7	49.4
东亚	32.7	107.3	29.6	176.7	29.3	603.7
拉丁美洲	18.1	-51.2	17.3	-48.5	22.0	-21.1
欧盟	19.2	-10.4	20.2	-97.5	17.9	-44.5
OECD 经济体	20.0	-48.7	21.2	-350.1	16.3	-187.2

资料来源：世界银行 World Development Indicator。

二 贸易收支的总体走势

中国的对外贸易经历了一个从无到有、由小及大、由逆差转向顺差的过程。1978 年中国的贸易规模仅为 206 亿美元，2008 年达25632 亿美元，年均增长 17.4%，2009 年受全球性金融危机的影响，贸易规模收缩至 22072 亿美元，较上年下降 13.9%，但随着世界经济的复苏，全球贸易形势迟早将回暖，并升至一个新的水平。从进出口差额看，1978～1993 年，中国基本保持逆差，但逆差规模不大，最高值也仅为 122.2 亿美元，自 1994 年开始逆转为持续的顺差，且顺差规模较大，增势明显，2006～2008 年分别达到 1775 亿、2622亿和 2981 亿美元，受外部经济不景气影响，2009 年的出口和进口出现双向下滑，进出口差额缩减至 1961 亿美元，中国历年的贸易收支情况见图 2 - 1。从中可以发现，中国的贸易收支不是顺差和逆差的交替呈现，而是存有较强的惯性，这说明影响贸易收支的因素可能并不主要是短期的扰动项，而是一些结构性、长期性的经济变量。

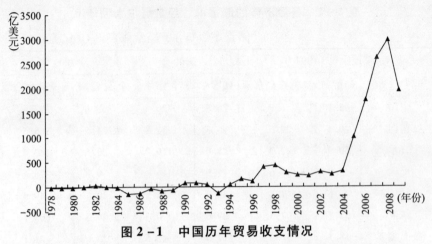

图 2-1　中国历年贸易收支情况

注：资料来源于各年度的《中国统计年鉴》，2009 年数据来源于中华人民共和国统计局公布的 2009 年中国统计公报。

三　贸易收支的主体结构

从贸易收支的主体看，国有企业表现为逆差，2008 年逆差额达 966 亿美元，外商投资企业和其他企业（如私营企业、集体企业）则表现为顺差，其中，外商投资企业的顺差额达 1706 亿美元，其他企业的顺差额达 2214 亿美元（见图 2-2）。国有企业在中国的位置

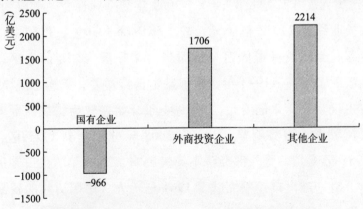

图 2-2　中国贸易收支的主体结构（2008 年）

资料来源：《2009 年中国统计年鉴》。

举足轻重，为了提高生产率，这类企业倾向于从国外进口一些先进设备，生产战略性产品，用于满足国内市场的需求。相形之下，外商企业和私营企业基于自身的技术水平和区位优势，往往选择一些成本节约型策略，即利用国内廉价劳动力、土地和自然资源低成本生产制造品，然后打入国际市场，表现为对外贸易中的巨额顺差。

四　贸易收支的国内地区结构

在中国各省、自治区和直辖市中，广东、浙江和江苏是外贸顺差的主要生成地，2008 年分别达到 1264 亿、975 亿和 838 亿美元，福建、山东、新疆、上海、辽宁和黑龙江紧随其后，分别为 292 亿、280亿、164 亿、162 亿、117 亿和 105 亿美元；天津、河北、山西、安徽、江西、河南、湖北、湖南、广西、重庆、四川、贵州、云南、西藏、陕西、青海和宁夏等省、自治区和直辖市虽保持了顺差，但规模不大，从几亿美元到几十亿美元不等。在北京、内蒙古、吉林、海南和甘肃几个外贸逆差的生成地中，北京的逆差规模最高，为 1567 亿美元，占到了总逆差的 94%，而其余各地的逆差规模均在 40 亿美元以下，各地区的贸易收支情况见图 2 - 3。

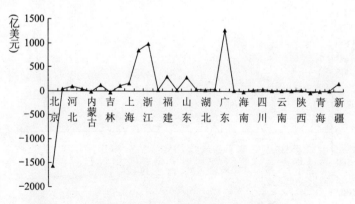

图 2 - 3　2008 年中国部分地区贸易收支结构情况

资料来源：《2009 年中国统计年鉴》。

究其原因，在于广东、浙江、江苏均属制造品生产基地，制造业发达，外向型经济发展充分，加上外省市劳动力的流入，使这些区域的出口导向型生产十分突出；新疆主要由于地理位置和自然资源两大优势而保持了一定的顺差，上海的经济发展水平虽然高，但它主要以金融业等虚拟经济为主导，制造业等实体经济活动多数转移到了临近的江苏和浙江，所以总体的贸易顺差并不大；北京作为全国的政治和文化中心，消费导向型经济显著，制造业发展却并不突出，所以在贸易收支上表现为较高的逆差。

五 贸易收支的国际地理分布

在中国所有的贸易伙伴国（或地区）中，对美国和中国香港地区的顺差规模较高，均在 1700 亿美元以上，荷兰和英国排在其后，分别达 406 亿、265 亿美元，对新加坡、阿联酋、越南、意大利、西班牙和墨西哥的顺差也在 100 亿美元以上。与此相对应，中国对中国台湾、韩国、日本和沙特阿拉伯的贸易则表现为较大的逆差，分别达 775 亿、382 亿、345 亿和 202 亿美元，对马来西亚、阿曼、菲律宾、泰国、安哥拉、巴西和澳大利亚的逆差也在 100 亿美元以上，具体情况见图 2-4。

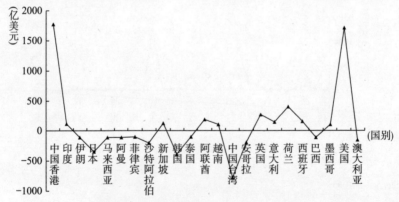

图 2-4 中国贸易收支的地区结构

注：这里选择的国家（或地区）与中国的贸易差额均在 100 亿美元以上，时间为 2008 年，数据来源于《2009 年中国统计年鉴》。

由于对香港的顺差很大程度上是转口贸易所致，所以真正意义上的顺差主要由美国市场生成，研究中国的外贸顺差，应该突显中美贸易在其中的重要性。实际上，从近几年中美贸易的实际看，中国始终保持着对美国的大幅度顺差，2007年达1633亿美元，即使是2009年，也有1434亿美元的顺差。形成中美贸易顺差的原因可能是多重的，人民币汇率、中美居民消费习惯、两国的人口年龄结构都有可能是其原因。

六　贸易收支的方式结构

中国的贸易顺差，更多的是一种结构性顺差，表现为一般贸易加上其他贸易实际上处于逆差或平衡状态，急剧攀升的外贸顺差主要是加工贸易所致。1991年中国的加工贸易总额为575亿美元，占全部进出口总额的42%，此后一直维持在50%上下，占据中国外贸的半壁江山，加工已经成为生成顺差的主要贸易形式，具体见图2-5。1996年中国的加工贸易顺差仅为221亿美元，而2005年已跃至1425亿美元，2008年达2968亿美元，而同期一般贸易的顺差额

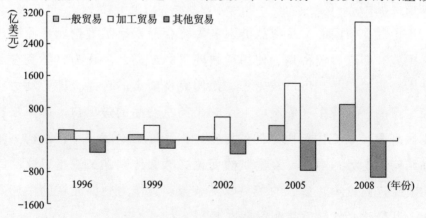

图2-5　中国贸易收支的形式结构

资料来源：各年度《中国统计年鉴》。

与其他贸易形式的逆差额基本相当。换言之，当年加工贸易生成的顺差几乎构成了外贸顺差的全部。金融危机蔓延后，美、英等国居民财富缩水，就业不足，需求下降，中国外贸形势趋紧，特别是在一般贸易上的出口额下滑严重。但由于金融危机并未改变中国在国际分工中的地位，也没有改变中国现阶段的比较优势，所以对加工贸易的影响并不是很大，中国在加工贸易上仍然保持着较高顺差。

七 贸易收支的商品结构

按照 HS 编码的 22 大类 98 章商品中，中国在矿产品、精密仪器等方面的逆差较大，最近几年中国大量进口铁矿石，导致其价格不断上扬，2008 年逆差额达 2248 亿美元。而在生成顺差的商品种类中，以机械设备制造、纺织品、杂项制品、贱金属为主，其中，机械设备制造出口主要是加工贸易所致，属典型的劳动密集型环节，而纺织品属一般的劳动密集型产品，统计显示，2008 年机械设备和纺织品贸易顺差分别达 2054 亿和 1547 亿美元，贸易收支的商品类别情况见图 2 - 6。

可见，中国的贸易商品类别极为符合要素禀赋理论所预测的贸易模式，即进口较密集、使用稀缺要素的产品，表现为自然资源和技术密集型产品，出口较密集、使用充裕要素的产品，即劳动力密集型产品。贸易在一般层面上反映出的是商品的进出口，而深层次则表现为要素在国与国之间的置换，由于要素禀赋→生产结构→贸易结构的走势，本国要素禀赋的变化必然会体现在其进出口商品结构上，进而影响到该国的贸易收支。劳动力作为中国充裕的生产要素，其变化必然会反映在贸易收支上。

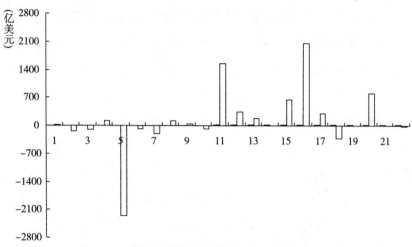

图 2 - 6　2008 中国年各大类商品净出口情况

注：资料来源于《2009 年中国统计年鉴》，图中数字代表 HS 编码下的净出口商品类别。①

第三节　中国人口年龄结构的基本状况

一　中国人口年龄结构：总体概况

纵观新中国成立以来的人口变化，大致可以划分为两个阶段：第一阶段为 1949～1971 年，在这一阶段中人口出生率平均在 30‰以

---

① 具体分类如下：1. 活动物；2. 植物产品；3. 动植物油、脂及其分解产品、精制的食用油脂、动植物蜡；4. 食品、饮料、酒及醋、烟草、烟草及烟草代用品的制品；5. 矿产品；6. 化学工业及其相关工业的产品；7. 塑料及其制品、橡胶及其制品；8. 生皮、皮革、毛皮及其制品、鞍具及挽具、旅行用品、手提包及类似品、动物肠线制品；9. 木及木制品、木炭、软木及软木制品、稻草、秸秆、针茅或其他编结材料制品、篮筐及柳条编结品；10. 木浆及其他纤维状纤维素浆、纸及纸板的废碎品、纸和纸板及其制品；11. 纺织原料及纺织制品；12. 鞋、帽、伞、杖、鞭及其零件、已加工的羽毛及其制品、人造花、人发制品；13. 石料、石膏、水泥、石棉、云母及类似材料的制品、陶瓷产品、玻璃及其制品；14. 天然或养殖珍珠、宝石或半宝石、贵金属、包贵金属及其制品、仿首饰、硬币；15. 贱金属及其制品；16. 机器、机械器具、电气设备及其零件、录音机及放声机、电视图像；17. 车辆、航空器、船舶及有关运输设备；18. 光学、照相、电影、计量、检验、医疗或外科用仪器及设备、精密仪器及设备、钟表、乐器、上述物品的零件、附件；19. 武器、弹药及其零件、附件；20. 杂项制品；21. 艺术品、收藏品及古物；22. 特殊交易品及未分类商品。

上，人口死亡率大幅度下降，人口自然增长率基本保持在 20‰以上的高水平；第二阶段为 1972 年至今，在这一阶段中人口出生率迅速下降，由 29.8‰跌至 12.10‰，人口死亡率保持在约 6.5‰的水平，自然增长率平均为 11.4‰，基本进入"低出生、低死亡、低增长"的现代型人口增长阶段。[①] 在人口出生率和死亡率发生变化后，人口年龄结构形势亦步亦趋。在人口出生率由 1953 年的 37.00‰递减为 2007 年的 12.10‰，人口死亡率由 14.00‰递减为 6.93‰的背景下，中国的少儿抚养比和老年抚养比变动是显著的。由于少儿人口抚养比的下降和老年抚养比的上升之间的间隔很短，总抚养比仅仅是短期内会停留在较低的水平上，随着人口老龄化趋势的逼近，人口机会窗口将逐渐关闭。表 2-2 梳理了中国部分年份的人口年龄结构情况。

表 2-2　中国部分年份人口年龄结构情况

年份	1953	1964	1982	1990	2000	2007
人口出生率（‰）	37.00	39.14	22.28	21.06	14.03	12.10
人口死亡率（‰）	14.00	11.54	6.60	6.67	6.45	6.93
0~14 岁（%）	36.28	40.69	33.59	27.69	22.89	17.88
15~64 岁（%）	59.31	55.75	61.50	66.74	70.15	72.78
65 岁及以上（%）	4.41	3.56	4.91	5.57	6.96	9.35
少儿抚养比（%）	61.17	72.99	54.62	41.49	32.63	24.57
老年抚养比（%）	7.44	6.39	7.98	8.35	9.92	12.85
总抚养比（%）	68.61	79.38	62.60	49.84	42.55	37.42

资料来源：国务院发展研究中心信息网。

---

① 中国人口出生率的变化主要源于"市场选择"和计划生育政策，其中"市场选择"认为随着技术和人力资本水平的提高，以收入衡量的父母的时间价值增加了，妊娠行为相对于抚养行为变得更为昂贵，理性的父母对此的反应是"少生、优育"，具体可参考 Becker, Gary S., and Barro, Robert J., 1998, "A Reformation of the Economic Theory of Fertility", *The Quarterly Journal of Economics*, Vol. 103, pp. 1~25.

如表 2 - 2 显示，新中国成立初期，中国的人口出生率较高，少儿人口比重大，平均一个成年人要供养 0.61 个儿童。然而，随着人口出生率的下降，少儿人口增长趋缓，少儿抚养比下降，而此时，新中国成立初期"婴儿潮"期出生的人口逐渐步入中年，劳动适龄人口增加，促成了少儿抚养比由 1953 年的 61.17% 降至 2007 年的 24.57%，年降幅为 1.68%。虽然老年人口比重在增加，但增加的幅度并不大，图 2 - 7 绘制了中国部分年份人口年龄结构的分布细况，其中反映出的一个主要现象就是人口年龄结构由"年轻化"向"中年化"转变。1982 年中国 10 ~ 14 岁与 15 ~ 19 岁人口所占比重较高，分别为 13.13% 和 12.49%；2006 年中国 35 ~ 39 岁和 40 ~ 44 岁的人口所占比重较高，分别为 9.55% 和 9.71%，这是人口发展的一种必然结果，也是人口发展在这一阶段上的具体表现。

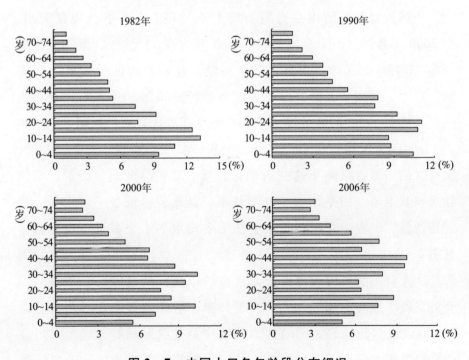

图 2 - 7　中国人口各年龄段分布细况

资料来源：相应年份的《中国人口统计年鉴》和《2007 年中国人口和就业统计年鉴》。

蔡昉（2007d）曾形象地用"金字塔形"、"橄榄形"和"倒金字塔形"来概括人口年龄结构的转变，初期人口出生率很高时，底部大，人口年龄结构呈"金字塔形"；随着这些人的成长，底部逐渐萎缩，中间变大，呈"橄榄形"；最后这些人步入老年，中间变小，顶端变大，呈"倒金字塔形"。于学军（1995）认为，中国的人口机会窗口从1990年开始，到2030年结束，前后共持续40年，其中2010年是人口抚养系数的一个拐点。日本学者黑田俊夫（1993）认为，中国的人口转型与日本较为类似，只不过在时间上滞后了日本25~30年。蔡昉和王德文（2004）认为2013~2015年前后是中国人口红利的转折点，此后劳动力开始出现负增长。

二 中国人口年龄结构：地区差异

中国人口年龄结构在空间布局上差异较大，不平衡现象突出。以2008年为例，该年全国平均少儿抚养比在23.68%，但北京地区仅为12.13%，天津、吉林、辽宁和黑龙江等省市低于17%，而安徽、广西、海南、云南、西藏、青海和新疆却在30%左右徘徊，贵州更是达到了39.57%的高水平。在老年抚养比方面，全国平均水平为13.04%，天津、辽宁、上海、江苏、浙江、福建、湖南、安徽、重庆、四川等省市高于这一水平，北京、江西、湖北、山东、广西和贵州基本与全国平均水平基本持平，其余省份低于平均水平，特别是新疆、宁夏、青海和西藏要低于平均水平3个多百分点，具体见图2-8。

从人口年龄结构的地区分布大致可以捕捉到这样一个信息，即经济发展水平高的地区，人口转型较早，居民生育率在低水平上运行，少儿人口比重轻，同时因为其医疗卫生状况较好，居民人均寿命长，老年人口比重高；相反，经济发展程度低的地区，人口转型晚，居民生育意愿仍较高，计划外生育现象突出，少儿人口比重大，受收入水平所限，这些地区的医疗卫生事业不发达，非正常死亡频现，居民寿命短，老年人口负担轻。

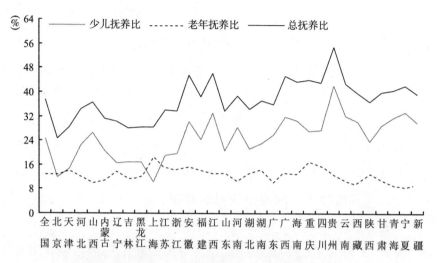

图2-8　2008年中国各地区人口年龄结构情况

资料来源：《2009年中国统计年鉴》。

第四节　人口流动：由限制走向松动

自1958年起，中国开始对人口流动进行严格限制，劳动力在地域、行业间的自由配置被取消，统一的劳动力市场逐渐裂变为分割的二元市场。其中农村劳动力市场中附着了大量的剩余劳动力，农业劳动者工资退化为由"生物学法则"来决定。最近十几年，国家在人口流动的政策层面出现逆转，由严格控制转向允许适度的自由流动，这一变化迎合了国际产业转移的要求，有助于扩大国内劳动者的就业机会，有助于农村剩余劳动力的转移。

一　中国劳动力要素比较优势分析

按照"比较优势说"，倘若不考虑技术因素，一国的国际分工由其要素禀赋决定。扼要地分析中国现实的要素禀赋有助于厘清外贸发展的脉络、把握加工贸易的合理性、解读庞大外贸顺差的成因。中国人口的绝对数大，人口抚养比低，劳动力资源丰富；相形之下，资本较为稀缺，是经济发展的一大瓶颈。若把这一特定的要素禀赋置诸特殊的历史背景下，就不难给人以可以把握的合理解释：资本的积累需要一个过程，发达国家用了几百年的时间实现了资本深化，而中国步入现代经济发展的正常轨道，不过短短 30 年时间。虽然可以利用诸多"后发优势"，加速资本积累，但希冀在短期内颠覆要素禀赋的基本面，恐怕还只能说是一厢情愿。按照 Heckscher 和 Ohlin 的思路，笔者梳理了中国的要素禀赋状况，并与部分国家进行了对比，见表 2 - 3。

表 2 - 3 报告了如下信息：首先，中国的耕地资源稀缺，其 0.1 公顷的人均耕地面积，远低于世界 0.22 公顷的平均水平，这意味着中国不具备土地密集型产品生产的比较优势。其次，从资本存量看，2008 年单位劳动力所占资本存量为 9000 美元，而同期美国、日本、德国、英国基本在 17 万美元以上，为中国的 20 倍左右，基本排除了中国现阶段生产资本密集型产品再出口的可能性。中国目前最大的优势仍在于劳动力，中国的劳动力数量占到了世界劳动力数量的 1/4 以上，在加工、组装等劳动密集型工序和花卉、服装和鞋帽等劳动密集型产品方面将继续保持优势。

表 2 - 3　中国要素禀赋情况及国际比较

	耕地土地 (公顷/人)[1]	资本存量 (10000 美元/劳动力)[2]	劳动力占 世界比重（%）[3]
中国	0.1	0.9	25.5
美国	0.6	21.4	5.1
日本	0.03	32.5	2.1

	耕地土地 （公顷/人）[①]	资本存量 （10000 美元/劳动力）[②]	劳动力占 世界比重（%）[③]
德国	0.1	18.9	1.3
英国	0.1	17.4	1.0
印度	0.1	—	14.4
世界	0.22	—	1.0

资料来源：耕地面积和劳动力数据由《2008 年国际统计年鉴》整理得到，资本存量数据来源于 OECD 数据库和 BVD 数据库。其中①和③是 2006 年数据，②是 2008 年的对应情况。

是否具备劳动力的比较优势还可以通过工资的国别比较得到反映，在不考虑劳动力流动成本的条件下，工资高的地区折射出劳动力资源的稀缺性。考虑到数据的可得性、可靠性和可比性，笔者选择中国、印度、马来西亚、墨西哥、美国、英国、日本的制造业部门作为样本，工资的口径采用国际劳工组织（ILO）制定的 ISIC - Rev. 2 标准。由于英国和美国的雇员工资是以单位小时报酬作为基准的，而其余五个国家是按照月度统计的，为将它们衔接起来，本文参照了 ILO 对各国雇员工作小时数的相关说明，按照 1 周 35 小时进行了折算。此外，ILO 中的工资统计均是以各国本币作为单位的，本文利用 IMF 数据库将其全部折算成美元，以便于进行国际比较，具体结果见表 2 - 4。

表 2 - 4 制造业工资的国际比较

单位（美元）

年份	中国	印度	马来西亚	墨西哥	美国	英国	日本
1981	40.7	67.9	188.2	—	—	—	1181.1
1988	42.4	61.1	228.3	—	1533.6	—	2532.1
1991	35.2	39.5	264.0	308.6	1682.6	—	2939.4
1993	48.1	31.1	313.9	326.8	1766.9	—	3320.1

续表

年份	中国	印度	马来西亚	墨西哥	美国	英国	日本
1995	51.8	34.4	394.2	—	1861.7	682.6	—
2000	88.1	27.4	365.2	304.1	2162.7	897.6	—
2005	162.7	27.4	—	—	—	975.4	—
2006	191.7	—	—	—	—	871.7	—
2007	238.3	—	—	—	—	881.9	—
2008	295.0	—	—	—	—	953.9	—

数据来源：国际劳工组织数据库（http://laborsta.ilo.org/），表中数据为月度工资。

表 2 - 4 汇报了如下信息，中国制造业部门的雇员工资自 1993 年起，要高于印度，但是远不及英国、美国和日本，甚至不到马来西亚和墨西哥的 1/3。从纵向的时间序列看，中国的劳动力工资逐年递增，特别是在 2000 年以后，增速较快，2008 年达 295.0 美元。从中国制造业各个细分的行业看，烟草制品业的雇员工资最高，达 819.6 美元，其次为石油加工、黑色金属冶炼、交通运输设备制造，工资分布在 400～500 美元之间；相比较而言，农副食品加工业、纺织业、木材加工业工资报酬偏低，分布在 200～240 美元之间。[①] ILO（2011）的一项调查表明，2010 年到 2011 年美国制造业雇员工资平均上涨 2%，中国香港的这一数字为 5.3%，中国台湾为 0.9%，日本为 3.4%，德国为 1.5%，新加坡为 5.1%，中国大陆则在 10% 以上。中国雇员工资的大幅度上涨既可能源于扩展性的货币政策，亦可能来自劳动生产率的提高，或者劳动力要素禀赋的嬗变。

二　传统的人口流动政策对劳动力比较优势释放的制约

虽然中国潜在的劳动力要素充裕，但在相当长一段时间里，政

---

① 文中关于中国制造业各细分行业的数据针对的是 2009 年的情况，数据来源于《2010 年中国统计年鉴》和 IMF 数据库。

府推行的重工业化目标与当时的经济现实严重相悖，使工业化无法借助正常的市场机制得到实现，政府不得不做出适当的制度安排（林毅夫等，2002）。在人口流动方面，自 1958 年起中国开始实行户口登记条例，配以特殊的粮油供应制度和劳动用工制度，人口的跨地区、跨行业流动遭到了制度屏蔽，形成了运行特征迥异的城市劳动力市场和农村劳动力市场。[①] 按照 Doeinger 和 Piore（1971）的研究，中国应该属于典型的城乡二元劳动市场，城市劳动者的工资高、劳动条件好、晋升机会多；而农村劳动者工资低，工作条件差，这两个市场之间的流动是非常困难的，城市劳动力不愿意进入农村劳动力市场，农村劳动者不能进入城市劳动力市场，从而使这种二元市场长期得以维系。劳动力市场的分割，造成大量剩余劳动力滞留于农村，固着在农业上。新中国成立以后的相当长一段时间内农业劳动力没有随着经济的发展实现在工业部门的再配置，从而维系了一个非现代化的二元结构（余永跃，2007）。

　　Lewis（1951）认为，如果从农业部门中可以抽出一定数量的劳动力而没有降低农业总产量，那么这部分劳动力就是剩余劳动力，其在数量上等于农业拥有的劳动力数量与现有的农业生产技术、耕作方法对农业劳动力需求量之差。Rains 和 Fei（1961）将农业部门的生产函数设定为：

$$Y_N = \begin{cases} H\left[-\left(\dfrac{L_N}{\bar{L}_N}\right)^2 + 2\dfrac{L_N}{\bar{L}_N} \right] & \text{对于 } L_N \leq \bar{L}_N \\ H & \text{对于 } L_N > \bar{L}_N \end{cases}$$

　　H 表示在技术和土地供给固定情况下，农业中的劳动力投入

---

① 虽然自 2002 年起，部分省市相继取消"农业户口"，建立城乡统一的户籍登记制度，但对我国劳动力市场的实证研究表明，户籍的影响依然存在，户籍改革往往只是将户口由显性符合变为隐性符合，劳动力市场分割的现实没有发生根本性转变。详见乔明睿等《劳动力市场分割、户口与城乡就业差异》，《中国人口科学》2009 年第 1 期。

$L_N = \bar{L}_N$ 时的产出水平，$\bar{L}_N$ 满足 $\lim\limits_{L_n \to \bar{L}_n} MP(L_N) = 0$。换言之，当农业部门中投入的劳动力数量 L_N 趋于 $\bar{L}_N$ 时，其对产出的边际贡献为零。当 $L_N(t) > \bar{L}_N$ 时，意味着农业部门中存在剩余劳动力，实际上 H 也可以被认为是现有技术和土地数量下农业部门的最大产出。韩纪江（2003）、王检贵和丁守海（2005）、马晓河和马建蕾（2007）考察了中国的农业劳动力剩余情况，结果表明，中国农业部门中的剩余劳动力仍然存在，不过由于采用的方法和选取的指标不同，估算出的具体结果存在差异，如王检贵和丁守海（2005）采用标准结构法[①]估算出中国 2003 年农业部门中的剩余劳动力为 14%，而其他估计均要超过 25%。

为衡量政府政策对人口流动的扭曲程度，可以将农业劳动力人均工资与工业劳动力人均工资做一番对比。不过，这一比较的困难之处在于农业劳动者与工业劳动者因教育程度和技能水平的差异也可能在工资报酬上存在差别，若暂时性地回避这种差别，那么同一劳动者在不同行业中获取的工资应该是相等的，否则就会出现人口的跨行业流动。顺着这一思路，笔者引入人口配置扭曲系数 η，规定：

$$\eta = \frac{\text{工业劳动者人均工资}}{\text{农业劳动者人均工资}}$$

在理想状态下，$\eta = 1$，即同质劳动者在工业和农业中获取的工资是相等的，若政府推行工业化战略人为限制人口流动，那么农业中实际就业人口必然会高于市场调配下的人口，工业则相反，结果

[①] 标准结构法主要是利用钱纳里和赛尔昆（1988）在 20 世纪 70 年代对 100 多个国家产业结构演进过程的实证研究结果作为基础，得出与不同人均 GDP 水平相对应的农业中的标准产值和就业比重，将中国农业部门的相应指标与这一国际标准进行比较，得到农业部门的剩余劳动力。参见钱纳里和赛尔昆，1988，《发展的型式：1950~1970》，经济科学出版社，第 32 页。

形成工业中的高工资和农业中的低工资并存。η 越大，表明行业间工资差别越大，劳动力流动受到的限制越严格。工资是与人均产出有高度关联的，所以在这里笔者梳理了中国 1952～1978 年农业和工业的人均产出情况（图 2-9），以此对相应年份的工资情况做一估计。笔者发现，1969 年以前，农业部门的人均产出基本高于工业，但幅度不大；在此之后，农业部门的人均产出停滞不前，工业部门的人均产出则迅猛增长，二者之差距愈演愈烈。

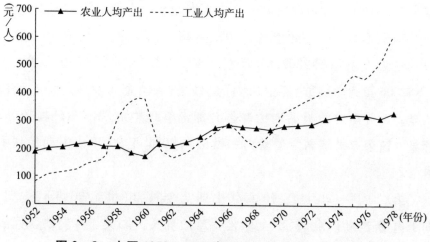

图 2-9　中国 1952～1978 年工业和农业人均产出情况

　　总之，城乡分割的二元劳动力市场严重背离了 H-O 模型中"要素在一国各部门间自由流动的假定"，大量剩余劳动力固化于农业中，劳动力势能长期得不到释放，利用劳动力比较优势，参与国际分工，置换国际资源，获取贸易利益更是无从谈起，贸易量始终在低水平徘徊。因此，劳动力禀赋优势充其量只能算是一种潜力，而要把这种潜力转化为现实，尚需要完成其他工作。

三　二元体制松动后劳动力的跨地区、跨行业流动

　　改革开放后，随着人民公社制度的废除、户籍管理的弱化、农

村家庭联产承包责任制的推行，原有过于僵化的二元体制出现松动，被隐性化了的劳动力剩余问题逐渐凸显，积压已久的劳动力能量大有呼之欲出之势，一时间人口如潮涌般大规模地跨行业、跨地域流动。从人口流动的历程看，基本遵循的是渐进式路径，反映了农民在不确定状态下采取的一种谨慎、试探性的流动策略，时间上大致可以划分为两个阶段。

第一阶段（1978 年至 20 世纪 90 年代中期）：该阶段中，农业富余劳动力间歇性地脱离农业，进入本地乡镇企业中从事非农产业，即"离土不离乡"。据统计，1979～1995 年，乡镇企业单位数由148.04 万个增加到 2202.67 万个，就业人数从 2909.34 万人增加到12862.06 万人。[①] 随着竞争压力的加剧，乡镇企业发展的资本偏向凸显，对劳动力的吸纳能力减弱，加上管理中的缺陷和环境压力，依靠乡镇企业吸纳剩余劳动力的做法在 20 世纪 90 年代中期走到了尽头。

第二阶段（20 世纪 90 年代中期至今）：20 世纪 90 年代中期，囿于市场竞争加剧、经济全球化蔓延的现实，以美、日、欧为代表的主要发达国家和地区开始有选择地把部分劳动密集型行业转移到部分发展中国家，以便于其在全球范围内寻找低成本的资源，缓解竞争压力。中国东部沿海地区以其相对完备的基础设施，吸引了一部分加工贸易型外商直接投资，[②] 由于加工贸易基本以低技术含量环节为主，农民的技能水平恰好与之相匹配。自此，农村剩余劳动力

---

① 数据来源：《2007 年中国劳动统计年鉴》。

② 若外商企业的生产函数为 $Y(t) = K(t)^{\alpha}[AL(t)]^{1-\alpha}$，则其最优劳动力投入为 $L(t) = [(1-\alpha)A^{1-\alpha/w}(t)]^{1/\alpha}K(t)$，其中，$Y(t)$ 表示工业部门的总产出，A、$L(t)$ 和 $K(t)$ 分别表示该部门采用的技术水平、投入的劳动力数量和资本数量，$w(t)$ 和 $r(t)$ 分别表示工资和利率。显然，外商企业中的最优劳动力投入与资本存量呈同向变动关系，这意味着随着加工贸易中中间投入品以及"一揽子要素"中资本品的增加，外商企业对劳动力的需求提高，此时人口流动带来的劳动力供给的变化使劳动力供需实现了匹配。

转移模式发生实质性变化，"离土又离乡"的异地转移成为主导。

表2-5给出了中国1978~2007年三次产业就业情况，从中不难发现，随着体制改革的深化和经济结构的调整，农业劳动力向非农产业加速转移，第一产业就业比重从1978年的70.5%下降到1987年的60.0%，年平均下降率1.8%，是1954~1978年的2.8倍。与此同时，第二、三产业中的就业人数迅速增加，农村剩余劳动力得以释放，据农业部信息中心（2004）的统计，中国1984~1988年农村劳动力转移平均每年达1100万人，1997~2003年平均达500万人。

表2-5 中国1978~2007年三次产业就业情况

	1978~1982年	1983~1987年	1988~1992年	1993~1997年	1998~2002年	2003~2007年
各产业就业人数（万人）						
第一产业	29342	31213	36437	35900	36072	33958
第二产业	7643	10319	13270	15737	16261	18187
第三产业	5527	8182	11503	16584	19841	23624
各产业就业人数所占比重（%）						
第一产业	69.1	62.8	59.4	52.6	50.0	44.8
第二产业	18.0	20.8	21.8	23.0	22.4	24.1
第三产业	13.2	16.4	18.8	24.2	27.4	31.2

资料来源：根据《2008年中国统计年鉴》整理得到，表中数据为对应时期的年度平均值。

四 中国是否迎来了刘易斯拐点？

根据经典的二元经济理论，发展中国家的农业劳动力剩余现象与其二元经济结构的发展阶段有着极为紧密的联系。在经济步入刘易斯拐点之前，农业中沉积着大量的过剩劳动力，当工业部门对劳动力的新增需求超出了农业部门对劳动力的过剩供给时，工资上升的压力开始显现，刘易斯拐点亦随即到来。此时，劳动力市场出现结构性变化，由无限供给转向短缺。正确判断中国二元经济的发展阶段，对于从根本上认清当前的就业形势、破解劳动力市场中的诸多困惑具有重要的现实意义。刘易斯（1954）、Rains 和 Fei（1961）等人虽然指出了刘易斯拐点前后劳动力市场的不同表现，但他们都没有提出一个具体的可操作性的标准，以致在国内学者将这一理论用于分析中国二元经济的发展阶段时，产生了诸多争议。

以蔡昉（2010）为代表的劳动经济学家认为，中国现行的就业统计制度不仅不能充分反映非正规就业和变化着的农业生产现实，而且容易陷入"数字的暴政"。蔡昉以中国沿海地区出现的"民工荒"和"返乡潮"为依据，认为中国已经迎来了刘易斯拐点，结束了劳动力无限供给的时代。以南亮进（2008）和白南生（2009）为代表的人口经济学家认为，判断刘易斯拐点应根据边际生产力，[①] 而不是工资水平，工资上升既可能源于政府的最低工资制度，亦可能是经济繁荣的结果，它们都不是劳动力供求平衡的反映，亦不会改变劳动力市场的根本性走势，中国是否已经迎来了刘易斯拐点有待进一步商榷。

鉴于劳动力无限供给的基础没有消失，笔者以为中国迎来刘易斯拐点仍需时日。依据在于：（1）劳动适龄人口比重高悬。由于中国的人口转型较早、较快，人口出生率的急剧下行造就了现阶段乃至今后一段时间里较高的劳动适龄人口比重，形成了对劳动力市场的强势供给。统计显示，1982 年中国 15 ~ 64 岁人口的比重为 61.5%，2009 年跃至 73.0%，年均增长率为 0.64%。（2）农村中仍

---

① 刘易斯拐点到来之前，农业部门的边际劳动生产力为零。不过刘易斯指出，他所谓的"劳动的边际生产力"不是"每人每小时的边际产品"，而是"每个人的边际产品"，或者说单位劳动力带来的新增产出为零。后来他又在《再论二元经济》一文中指出："如果资本家欲以现行工资招收更多的劳动力，争求职位者会大大超过需求，劳动力供给曲线在现行工资水平下具有无限弹性，不必把'无限'弹性当成偶像来顶礼膜拜，对我们要达到的目的来说，弹性很大就足够了，我们的目的不是考察模型的机制，而是研究对于现代部门来说，其劳动力获得的可能性。"

然有大量剩余劳动力。2009 年全国共有就业人员 7.79 亿人，其中有 2.97 亿劳动力从事农业生产。按照现有的农业生产条件，如果一个劳动力平均种植 30 亩耕地，那么农业中仅需要 6085 万劳动力，换言之，农村中有近 2.4 亿的剩余劳动力。（3）经济发展中的"资本深化"过早出现。囿于唯 GDP 式的官员绩效考核以及由此引致的政府对高速经济增长的成瘾性依赖（袁剑，2009），大规模投资成为经济生活中的常态，"资本深化"成为经济发展中的典型化事实。

　　表 2－6 运用标准结构法，对中国农村剩余劳动力数量进行了匡算，结果发现农村中的剩余劳动力比重仍大部分保持在 10% ～16%（个别年份除外）。虽然劳动力大规模从农业转向非农产业，但长期以来的体制因素积重难返，劳动力很难在短期内得以完全释放，农村中的滞留劳动力依然突出，农业中的就业结构仍然滞后于产值结构，2008 年农业 11.3% 的产值吸纳了 39.6% 的劳动力。谢培秀（2000）估算中国的剩余劳动力仍然在 1 亿人以上。虽然近几年在局部地区出现了"民工荒"和"返乡潮"，但这并不能表明中国已经将二元经济结构中的短缺点和商业化点推向了重合，进入了刘易斯拐点，告别了劳动力无限供给时代，现实中的就业难较多地反映的是一种结构性矛盾，工资上涨一部分反映了劳动力市场供需结构的变化，而另一部分则可能反映宏观经济通胀的压力，中国劳动力供给在总量上仍有过剩现象，未来一段时间在利用劳动力发挥比较优势方面仍有较大空间。

表 2－6　中国剩余劳动力的估算

年份	人均 GDP（1964 年美元）	实际就业（%）	实际产值（%）	标准产值（%）	标准就业（%）	剩余劳动力（%）
1978	35.2	70.5	28.2	58.2	72.5	28.0
1980	29.0	68.7	30.2	56.2	71.5	23.2

续表

年份	人均 GDP （1964 年美元）	实际就业 （%）	实际产值 （%）	标准产值 （%）	标准就业 （%）	剩余劳动力 （%）
1982	24.8	68.1	33.4	54.2	70.5	18.4
1984	29.0	64	32.1	52.2	69.5	14.6
1986	39.6	60.9	27.2	50.2	68.5	15.4
1988	56.5	59.3	25.7	48.2	67.5	14.3
1990	79.4	60.1	27.1	46.2	66.5	12.7
1992	100.9	58.5	21.8	45.2	66	15.9
1994	192.0	54.3	19.8	39	61	12.5
1996	361.1	50.5	19.7	24.5	46	9.3
1998	427.1	49.8	17.6	22.8	43.8	11.2
2000	440.3	50	15.1	22.8	43.8	13.9
2002	477.7	50	13.7	21	42	15.3
2004	577.0	46.9	13.4	19.2	38	14.7
2006	744.3	42.6	11.1	16.8	33.5	14.8
2008	964.4	39.6	10.7	14.3	26.5	16.7
2010	1176.9	36.6	10.2	13.8	25.2	15.0

注：标准结构法中的标准取自钱纳里和赛尔昆（1988）的界定，人均 GDP 按照购买力平价和物价指数的变动进行了调整。具体计算公式是：$Sur = \left(\frac{L_{农}}{L}\right)_{实} - \left(\frac{L_{农}}{L}\right)_{标} + \left(\frac{I_{农}}{I}\right)_{标} - \left(\frac{I_{农}}{I}\right)_{实}$，其中，$Sur$ 表示农村剩余劳动力占劳动力总数的比重，L、I 分别表示第一产业中的劳动力数量和产值。更详细的说明可参见王检贵、丁守海：《中国究竟还有多少剩余劳动力》，2005 年《中国社会科学》第 5 期。表中实际就业、实际产值的数据来源于《中国统计年鉴》和世界银行数据库，2010 年的数据来源于中国统计局统计公报。

第三章　人口年龄结构对储蓄的影响

第一节　人口年龄结构变动的储蓄效应

一　人口年龄结构与储蓄：理论概述

人口年龄结构对于储蓄的影响导源于个体往往倾向于追求平稳的生活方式，维持一个均衡的消费水平，然而其一生中的收入流在时间上的分布是不均匀的，为此个体需要通过储蓄来平滑生命周期中的消费路径，虽然年轻时收入较高，但并不能将之全部花掉，因为要为自己在年老时的消费做储备。个体的储蓄是一个先上升而后下降的趋势，一个劳动适龄人口比重低的经济体会因为劳动力供给不足、老人护理和医疗支出增加而抑制社会总储蓄，一个劳动适龄人口高的经济体将倾向于拉高社会总储蓄。此外，王德文等人（2004）指出人口年轻化有助于提高吸收新知识和新观念的速度，提升技术创新能力，并由此带来经济增长和高储蓄。

但是人口年龄结构与储蓄率间的负相关关系暗含了诸多假定，一旦放松这些假定，二者之间的既定关系势必被打破或者弱化。第一，上述推演主要是在生命周期理论基础上展开的，然而同一个家庭中不同成员之间的消费/储蓄决策可能不是独立的，而是蕴含着一定程度的"利他主义"，其成员的最优消费决策可能并非基于传统意义上的个人效用最大化，而是基于整个家庭的效用最大化。这种情况下，当家庭抚养负担较重时，个体可能暂时地减少其他商品和劳务的消费。Henderson（1949）在一项针对美国的研究中就发现，家庭规模对总支出的影响较弱，对支出结构影响较强。第二，在家庭抚养负担重的情况下，个体也有可能不压缩其他商品的消费，转而减少闲暇，扩大劳动供给，以增加收入，这种情况也会使经典意义上人口年龄结构与储蓄的关系失效。第三，经济中的充分就业往往只是一种理论假设，如果增加的适龄劳动力没有找到工作，那么其比重的增加或减少就不会影响收入和储蓄。[1]

需要指出，人口的抚养是由私人部门来分担还是由社会公共部门来执行，并不影响人口年龄结构和储蓄的关系。按照巴罗—李嘉图等价，政府的收入最终还是源于私人的，政府保障的实质还是家庭抚养，当政府以税收的形式征收婴儿和老人的社会保障费用时，家庭预期到他们在这方面的支出可以减少了，所以政府行为没有改变个体广义上的预算约束和消费储蓄决策。当然，如果考虑不确定性，政府行为就超越了单一意义上的资金转移，而兼具风险转移的特性，政府通过强制性的社会保障筹措资金，在个体发生风险事故时提供支持，这种意义上的巴罗—李嘉图等价可能就不再成立。

二　人口年龄结构与储蓄：模型考察

在储蓄的内生化方面，Ramesy（1928）最早做了有意义的尝试，在他著名的无限期界模型中，他假定家庭数是固定的，家庭成员长生不老，效用函数服从 CRRA 形式，由此得出家庭的最优消费路径

---

[1] Kuznets（1960）认为：人口年龄结构对储蓄率的冲击似乎在欠发达国家成立的可能性更大，而在发达国家，孩子更有可能是家庭其他商品和闲暇的替代物，这暗示中国家庭不大会因为孩子负担较重而减少其他商品消费。此外，从劳动力就业情况看，虽然我国农村中剩余劳动力现象突出，但随着体制改革的深化和经济结构的调整，农业劳动力向非农产业转移正在加速。总之，人口年龄结构与储蓄率之间的例外情形似乎不适用于中国。

为 $\dfrac{\dot{C}(t)}{C(t)} = \dfrac{r(t) - \rho}{\theta}$。其中，$r(t)$ 表示实际利率，ρ 表示个体的主观时间贴现率，θ 表示相对风险规避系数。该结论暗示，给定一生的收入水平，追求效用最大化的个人体会按照实际利率和主观贴现率之间的关系来平滑自己的消费路径。当前者较高时，个人的理性反应是提高当期储蓄，以增加未来消费。随后 Samuelson（1958）和 Diamond（1965）提出了世代交叠模型，对 Ramesy 的模型中部分假定进行了拓展，在新的模型中，代表性个人存活二期，在年轻时通过劳动获得收入，并将其中一部分储蓄起来以备老年时使用，其得出个体的最优储蓄率为 $s(r,\rho,\theta) = \dfrac{(1+r)^{1-\theta/\theta}}{(1+r)^{1-\theta/\theta} + (1+\rho)^{1/\theta}}$。

可见，无限期界模型和世代交叠模型所暗含的经济学含义是近似的，所不同的是，后者注意到了代表性个人在生命年限中各个时期的不同特点，打破了无限期界模型中暗含的同质性假定。但是其缺陷也是明显的：一是在人口存活期限上没有考虑到少儿期的情况，而事实上个体在这一时期的表现与其在中年期和老年期是有严格差异的；二是该模型以代表性家庭（或个人）代表整个社会，没有考虑到人口年龄结构对总储蓄率的影响，也不能预测人口的意外冲击所带来的总储蓄率变化。鉴于此，笔者试图构建一个新的模型，以弥补这方面的缺陷。

模型的基本假定如下：（1）代表性个体存活三期，即少儿期、中年期和老年期，在少儿期和老年期由于缺乏（或丧失）劳动能力，不从事生产活动，其消费来源为中年时的储蓄。[1]（2）代表性个体的生命总年限 T 具体分布为：少儿期的时间跨度为 T_1，中年期为

---

[1] 尽管理论上，中年期不可能为少年期的消费提供储蓄，但是假设社会中存在一种转移机制，如法律对抚养子女的要求，这样个体就会在少儿时接受父母的抚养，而到了中年期再来抚养自己的子女。换言之，孩子可以充当生命周期储蓄的替代品。

T_2，老年期为 T_3（图 3 - 1）。社会中共有 N 个这样的代表性个人，其年龄在 $[0, T_1 + T_2 + T_3]$ 上服从均匀分布。（3）个体的收入仅为工资，劳动供给是无弹性的，且假定充分就业，不考虑技术进步。既然个人的年收入是固定的，不妨设为 Y。

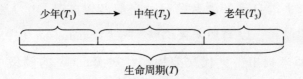

图 3 - 1 代表性个人生命周期的期限

这里构建模型的主旨在于反映人口年龄结构变化对储蓄的影响，而事实上正如所知道的，人口年龄结构是一个中间变量，其变化取决于基础性变量——人口的出生率和死亡率。若代表性个人最大化其一生中的总效用，即：

$$\max U(C) = \max \sum_{t=1}^{T} \left(\frac{1}{1+\rho}\right)^{t-1} u(C_t) \text{ 且 } U'(C_t) > 0, U''(C_t) < 0$$

$$(3 - 1)$$

根据 Euler 定理：

$$U'(C_t) = \frac{1+r}{1+\rho} U'(C_{t+1}) \qquad (3 - 2)$$

出于简化，设 $\rho = r$，有 $C_1 = C_2 = C_t = \cdots = C_T$。结合前文中的假定，得表 3 - 1。

表 3 - 1 个体生命周期中的储蓄与消费情况

	少儿期	中年期	老年期
总人数	$\frac{T_1}{T}N$	$\frac{T_2}{T}N$	$\frac{T_3}{T}N$
个人消费	$\frac{T_2}{T}Y$	$\frac{T_2}{T}Y$	$\frac{T_2}{T}Y$
个人储蓄	$-\frac{T_2}{T}Y$	$\left(1 - \frac{T_2}{T}\right) Y$	$-\frac{T_2}{T}Y$

	少儿期	中年期	老年期
人口抚养比	$\dfrac{T_1 + T_3}{T_2}$	$\dfrac{T_1 + T_3}{T_2}$	$\dfrac{T_1 + T_3}{T_2}$

可见，在考虑了人口年龄结构后的世代交叠模型中，当个体的主观贴现率与金融市场的实际利率相等时，个体仍然会均匀地分配自己在一生中的消费。在人口年龄结构服从均匀分布的前提下，人口抚养比是一个常数，并且中年人口的总储蓄恰为少儿和老年人的消费（或者说负储蓄）所抵消，整个社会的净储蓄始终为零，此即静态条件下的均衡。现改变人口年龄结构分布的均匀性假定，认为 t 期出现了一次意外冲击，人口出生率较初始状态增加了 n，这种变化必然会反映在人口年龄结构上，表现为均匀型的人口年龄结构渐次裂变为"金字塔形"、"橄榄形"和"倒金字塔形"，储蓄率也演变为式 3 - 3 式：

$$
s(n) = \begin{cases}
-n & 0 < \tau < T_1 \\
\dfrac{(T_1 + T_3)n}{T_2 + T_n} & T_1 \leqslant \tau < T_1 + T_2 \\
-n & T_1 + T_2 \leqslant \tau < T \\
0 & \text{其他}
\end{cases}
\tag{3-3}
$$

（1）当 $0 < \tau < T_1$ 时，新增人口处于少儿期，在中年人口和老年人口数量不发生变化的情况下，人口抚养比 $\dfrac{T_1 + T_3 + Tn}{T_2}$ 因少儿人口的意外增加而上扬，经济体原有的平衡被打破，国民储蓄率不再恒为零，而是 $s(n) = -n < 0$，随幼儿人口的增加而递减，[①] 即 $\dfrac{\partial s(n)}{\partial n} < 0$。

---

① 这里的人口自然增长率 n 和人口抚养比是一一对应的。

（2）当 $T_1 \leqslant \tau < T_1 + T_2$ 时，t 期出生的婴儿开始步入中年，此时社会中劳动适龄人口比重大，人口抚养比 $\dfrac{T_1 + T_3}{T_2 + Tn}$ 随 n 的增加而降低，国民储蓄率较初始水平有所提高，$s(n) = \dfrac{(T_1 + T_3)n}{T_2 + Tn} > 0$，并随 n 的增加而增加。

（3）当 $T_1 + T_2 \leqslant \tau < T$ 时，t 期出生的婴儿迈入老年，人口抚养比 $\dfrac{T_1 + T_3 + Tn}{T_2}$ 随 n 的增加而增加，国民储蓄率再次低于正常水平，$s(n) = -n < 0$，随老年人口的增加而下降，即 $\dfrac{\partial s(n)}{\partial n} < 0$。

（4）当 $\tau \geqslant T$ 时，$s(n) = 0$，本次冲击的滞后效应结束，国民储蓄率回归初始水平。从人口年龄结构变化后国民储蓄响应的整个过程看，有上有下，有高有低，静态意义上的均衡不复存在，但从冲击后的整个周期看，国民储蓄仍然等于零。

此外，冲击对社会总储蓄的影响与个体在各个时期存活的时间长短也有关，这里以 $T_1 \leqslant \tau < T_1 + T_2$ 为例加以说明。若定义 ψ 为个体在整个生命年限中非劳动年数与劳动年数之比，即 $\psi = \dfrac{T_1 + T_3}{T_2}$，则有 $\dfrac{\partial s(n)}{\partial \psi} = \dfrac{\psi n}{1 + n + \psi n} > 0$。可见，如果个体在一生中的非劳动年数相对于劳动年数较长，则个体的储蓄水平就会较高。

三　人口年龄结构与储蓄：实证检验

中国人口抚养比和国民储蓄率在变化上表现出同步性，1971 年以前的人口出生率高，少儿人口负担突出，国民储蓄率低且呈下降趋势。据统计，1972～1986 年的国民储蓄率平均为 34.6%。然而 1986 年以后，"婴儿潮"时期出生的婴儿已进入中年，并加入社会的劳动力大军中，人口抚养比由 1987 年的 51.8% 下降到 2008 年的 37.4%，国民储蓄率相应由 36.4% 提高到 51.4%，这一部分内容检验了中国人口年龄结构变化对储蓄率的影响。

根据经济学理论，除人口年龄结构外，经济增长率和人均国民收入也会影响储蓄。一般而言，当经济快速增长时，居民的收入会提高，消费也会随之增加，但其增加的幅度一般要小于收入增加的幅度，即收入中的一部分将被储蓄起来；就人均国民收入与储蓄的关系看，当一国（或地区）的人均国民收入很低时，其产出仅供维持生计，因而用于储蓄的部分较少，随着人均收入水平的增加，储蓄率也会随之提高，这样可以将模型设置为：

$$\ln s = \alpha + \beta_1 \ln g + \beta_2 \ln ay + \beta_3 \ln dep + \varepsilon \qquad (3-4)$$

其中，s 表示储蓄率，g 代表经济增长率，ay 代表人均国民收入，dep 代表抚养比，人口抚养比用 0~14 岁的人口数和 65 岁以上的人口数之和除以 15~64 岁之间的人口数，按照理论模型的预测，有 $\beta_3 > 0$。为了反映储蓄率和其他经济变量之间在时间和截面两个方向的变化规律，揭示不同时间、不同单元的特性，本文采用面板数据模型。样本区间选择为 2002~2007 年，以全国 31 个省、自治区、直辖市的数据资料为研究样本，所有数据均来自 2003~2008 年的《中国统计年鉴》和北京大学中国经济研究中心（CCER）的经济金融研究数据库。

一般来说，对于面板数据模型的估计可以使用最小二乘法估计（OLS）、固定效应模型（FEM）和随机效应模型（REM）三种方法。为选择最有解释力的模型，笔者首先使用沃德 F 检验，其结果为 $F(30, 152) = 8.63$，表明固定效应模型估计要优于最小二乘法估计；接着使用拉格朗日乘子检验（Breusch-Pagan LM Test），发现 $chi^2(1) = 139.39$，显示随机效应模型要优于最小二乘法；最后使用 Hausman 检验，在固定效应模型和选择随机效应模型之间做出取舍。由于在 Hausman 检验中，$chi^2(1) = 1.39$，所以模型总体上接受了随机效应假设。

表 3 – 2　面板 GLS 回归结果

解释变量	面板 GLS 估计	稳健性检验
ln$g$	0.172（5.04）*	0.183（2.56）*
lnay	0.167（13.32）*	0.161（5.92）*
lndep	− 0.240（− 6.61）*	− 0.319（− 2.70）*
常数项	− 1.946（− 9.00）	− 1.645（− 2.85）*

注：括号中的值为 Z 统计量，* 表示 1% 显著水平。

考虑到自相关和异方差会使回归结果发生偏误，所以还应该检验并运用广义最小二乘法估计（FGLS）来纠正自相关和异方差问题。由于在笔者所选择的样本中，时间数据相对较少（六年），而截面数据相对较多（31 个），所以基本可以排除存在序列自相关的可能性。截面异方差一般采用修正后的沃德 F 检验，原假设是同方差。检验结果发现修正的沃德 F 检验统计量为 $chi^2(3) = 39.03$，从而拒绝了同方差假设，认为存在异方差。所以本研究最终采用可以控制异方差的面板广义最小二乘法（Cross-sectional Time-series FGLS Regression），此外本研究亦对面板 GLS 估计的稳健性进行了检验，具体结果见表 3 – 2。

从表 3 – 2 可以看出，纠正异方差后，面板模型更有解释力，所有解释变量系数符号均与预期一致，且在 1% 显著性水平上通过了检验。稳健性检验发现，*res*，*robust* 估计和 *xtgls*，*panels*（*he*）估计两种方法估算出的系数符号相同，说明利用面板 GLS 法来进行估计的稳健性较好。从实证结果看，经济增长率和人均国民收入对储蓄率存在正向影响，且在 1% 显著性水平上通过了检验。人口抚养比对储蓄率的影响为负，且人口抚养比每下降 1 个百分点，储蓄率增加 0.24 个百分点，这一弹性要远大于经济增长率和人均国民收入的弹性系数，说明人口年龄结构变化是影响储蓄率的最主要因素，这与理论模型中的预期是吻合的。

表 3 – 3　中国各地区面板模型检验结果

解释变量	东部地区		中部地区		西部地区	
	固定效应	随机效应	固定效应	随机效应	固定效应	随机效应
$\ln g$	0.153 (1.85)	0.168 (2.16)**	0.145 (1.98)	0.149 (2.29)**	0.116 (0.27)	− 0.208 (− 0.60)
$\ln ay$	0.123 (2.72)*	0.111 (2.70)*	0.271 (7.14)*	0.271 (7.43)*	0.058 (0.36)	0.142 (1.06)
$\ln dep$	0.144 (1.20)	0.096 (0.86)	0.259 (1.60)	0.249 (2.26)**	− 1.068 (− 1.89)	− 1.787 (− 3.93)*
常数项	− 2.811 (− 4.00)*	− 2.557 (− 3.91)*	− 4.624 (− 6.00)*	− 4.597 (− 7.94)*	2.199 (0.87)	4.965 (2.22)**
样本数	72		54		60	
F 检验	25.06	—	8..43	—	2.73	—
$Wald$ 检验	—	52.18	—	174.57	—	21.90
$Hausman$ 检验	Chi2（3）=1.5 P = 0.6824		Chi2（3）= 0.26 P = 0.9673		Chi2（3）= 6.65 P = 0.0840	

注：固定效应模型中，估计系数下的括号中显示的是 t 统计值；随机效应模型中，估计系数下的括号中显示的是 Z 统计值，* 表示在 1% 水平上显著，** 表示在 5% 水平上显著。

考虑到中国各地区在经济社会发展上的差异，本文对各地区分别进行回归，以甄别变量间的关系在各区域中的表现。为不失一般性，本文按照大多数文献的划分方法，将全国分为东、中、西部三大经济板块，① 回归结果见表 3 – 3。结合表 3 – 3 中的 F 检验、Wald 卡方检

---

① 其中东部包括北京、天津、河北、辽宁、上海、江苏、浙江、福建、山东、广东、海南、广西壮族自治区；中部包括黑龙江、吉林、内蒙古自治区、山西、河南、湖北、江西、安徽和湖南；西部包括陕西、甘肃、青海、宁夏回族自治区、新疆维吾尔自治区、四川、重庆、云南、贵州、西藏自治区。

验、Hausman 检验的结果，笔者认为东、中、西部各大经济板块均应选择随机效应模型进行估计；进一步利用修正后的沃德 F 检验发现均存在异方差现象，所以这里仍采用面板 GLS 法对各区域进行估计，结果见表 3 - 4。

表 3 - 4　中国各地区面板 GLS 回归结果

解释变量	东部地区	中部地区	西部地区
ln$g$	0.315 (4.65)*	0.16 (4.32)*	- 0.20 (- 1.70)***
lnay	0.003 (0.09)	0.29 (10.65)*	0.07 (1.19)
lndep	- 0.257 (- 3.57)*	0.26 (4.35)*	- 2.18 (- 9.33)*
常数项	- 0.570 (- 1.26)	- 4.88 (- 12.36)*	7.08 (5.97)*

注：估计系数下的括号中显示的是 Z 统计值，* 表示在 1% 水平上显著，*** 表示在 10% 水平上显著。

由表 3 - 4 得出如下结论：东部和中部地区的经济增长对储蓄有显著的推动作用，且东部地区的弹性系数要高于全国平均水平，中部地区的弹性系数要低于全国的平均水平，而经济增长和储蓄间的关系在西部却表现为负相关，究其原因可能在于中国各区域经济发展的相关性。当西部地区经济发展时，东部地区可能发展得更快，相应地，对西部地区的财政支持力度也会更大，这样西部地区消费的增长率就可能快于经济本身的增长率，即经济增长和储蓄之间表现为负相关。

东部和西部地区的人均国民收入增长并未引起储蓄的明显变化，而在中部地区这一关系较为显著，人均国民收入每增加 1 个百分点，储蓄率提高 0.29 个百分点，其原因可能仍在于在回归中没能有效地控制政策性变量，中央财政收入转移支付政策有可能造成东西部地区调整前的人均国民收入与调整后的人均国民收入不相等；又因为居民的存储行为是基于调整后的人均国民收入，而笔者在回归中使用的是调整前的人均国民收入，其结果出现人均国民收入与储蓄率之间的关系不显著。

东、中、西部三大地区的人口抚养比均对储蓄存在显著影响，但中部地区的弹性系数为正，且在 1% 显著性水平上通过了检验，这一结果与理论预期不符。其原因可能在于劳动力供给的外生性假定，即劳动力供给有可能是内生的，当代表性个体发现其家庭负担较重时，他可能会增加劳动供给，或者"背井离乡"去东部寻找工资更高的工作，加之中部和东部毗邻，劳动力流动较容易。也就是说，当人口抚养比高时，个体可能会更卖力地工作，获取更高的收入，在抵消了人口的抚养负担后，储蓄较之以前出现增加。当然，相反的情形也可能出现，即当代表性个体发现其家庭负担较轻时，他们可能会增加闲暇，其结果使储蓄没有因人口抚养比的下降而上升，美国在 1940 年就曾出现过类似情况（Kelley，1973）。

第二节　人口结构、养老保险制度转轨对储蓄的影响

一　中国养老保险制度的历史演变

按照筹资模式的差异，Feldstein 和 Liebman（2001）将养老保险制度划分为现收现付制（pay-as-you-go）、完全积累制（full-funded），以及部分基金制（partial-funded）三种形式。现收现付制的特点在于，当期工作的人为已退休人员的养老提供融资支持，以支定收，不留存资金积累。完全基金制是国家为个人建立账户，并进行强制性储蓄，个人账户中会留存数目较大的资金积累。部分基金制是介于现收现付和完全积累之间的一种混合模式，其常见的表现形式是"统账结合"，即养老保险缴费中的"社会统筹"账户用于支付当期养老金，另一部分进入"个人账户"，用于基金积累。一般来说，养老保险制度的设计需要重点审视三个问题：一是公平性，即个人一生中得到的养老金精算现值与其一生中缴纳的养老保险费是否相等；二是互助共济性，即养老保险金是否存在代际、代内的收入再分配效应（Atkinson，

2011）；三是如果存在养老保险金的积累，如何确保其不受通货膨胀的蚕食。

中国传统的养老保险制度是在计划经济的"母体"中生成的，国家通过企业对职工承担养老保障责任，在筹资方式上是一种现收现付模式。改革开放后，国有企业与国家间利润分成的调整以及非国有企业的介入，打破了计划经济下养老保障的既定模式，开始出现个人、企业、国家共同出资的格局。但是，由于企业间生产率水平的差异，养老金待遇参差不齐，碎片化的养老金管理问题凸显，难以实现"互助互济"的功能。于是，1991年国务院颁布了《关于企业职工养老保险制度改革的决定》，确定了基本养老保险由社会统筹和部分积累相结合的思路；1997年国务院出台的《关于建立统一的企业职工养老保险制度的决定》，进一步明确了各地区"统账结合"的缴费比例，统一按职工工资的11%建立个人账户，个人缴费率由职工工资的4%提高到8%，企业缴费率为职工工资的20%，大约为职工提供58.5%的目标替代率。① 针对个人账户在实际运行中的"空转"，国务院在2005年又提出做小做实个人账户，规定个人账户的规模统一由缴费工资的11%调整为8%。图3-2列示了中国养老保险制度改革过程中的若干代表性事件。

从中国养老保险制度改革的整个历程不难看出，养老保险制度由现收现付制向部分积累制的转轨，透视出政策制定者意在凭借"社会统筹"消化历史沉积的养老负担，化解"老人"、"中人"和"新人"之间的利益冲突；同时借助"个人账户"，激发个体缴费积极性，以应对未来人口老龄化的支付压力，最终建立多支柱的养老保障体系。

---

① 一些学者指出，由于企业逃费、低收入参保人员不断增加、个人账户资金贬值等原因，养老金保险支付水平不断下滑，养老金保险替代率从起初设计的58%下挫至40%。在基本养老保险待遇下降的情况下，企业补充养老保险（又称"企业年金"或者"小补充保险"）得到发展，国家将其定位为多层次养老保险体系中的第二层次。参阅杨燕绥、张芳芳《不同的老年化，不同的发展模式》，《国际经济评论》2012年第1期。

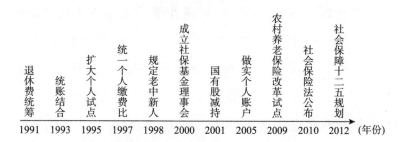

图 3－2　中国养老保险制度改革中的代表性事件

但是，个人账户与社会统筹在管理和使用上一旦"脱钩"，巨额的养老资金缺口从何而来？虽然 2005 年国务院规定，凡国家拥有股份的股份有限公司在首次公开发行（IPO）或增发股票时，需要按照融资额的 10% 出售国有股，并将其收入上缴全国社保基金，但这一做法最终因股市的不良反应而夭折。取而代之的是，政府不得不调度个人账户资金，以弥补当期统筹账户之缺口，个人账户的"空转"成为常态。"辽宁模式"迟迟难以推广、"黑吉模式"出现，都足以证明统账结合模式在现实中的困境。2006 年以来，一些专家建议推行"记账式个人账户"（NDC），保持个人账户的作用，但并不做实，不进行资金积累，从而避免养老保险制度转轨所带来的"隐性负债"压力。[①]

二　包含了养老保险制度的人口结构储蓄模型

本模型在 Brooks（2003）的研究基础上，引入社会保障对个体消费行为的影响。考察的代表性个体情况如下：该代表性个体 t

---

[①] 记账式账户的提出，破除了"个人账户"只能是完全积累制单一类型的误解，其优点在于回避了资本市场上资产价值短期内的波动，可以在一定程度上缓解中国当前养老金支付缺口所带来的财政压力。但究竟是将其作为基本养老保险制度的组成部分，还是补充性的制度，是坚持强制性，还是自愿性，仍然处于争议中。参阅李剑阁，2008，《记账式个人账户更符合国情》，http://www.cnpension.net/index_lm/2008－05－30/167571.html；郑秉文，2013，《剔除相关因素养老金几无余额》，http://www.cssn.cn/news/650022.htm。

期处于中年阶段（m），其收入 y_t^m 需要维持子女在 t 期的消费 C_t^e、自身在 t 期以及 $t+1$ 期的消费 C_t^m 和 C_{t+1}^o，由于强制性养老保险制度的推行，个体在 t 期需要缴纳养老费 D_t^m，在退休后（即 $t+1$ 期）可以领取养老金 P_{t+1}^o，代表性个体进入老年阶段后，依靠其年轻时的储蓄和养老金维持生活，子女出生率为 n_t，效用是跨期可累加的。效用函数如式（3-5）：

$$U_t^m = \tau(1+n_t)^{1-\varepsilon}\frac{(C_t^e)^{1-\theta}}{1-\theta} + \frac{(C_t^m)^{1-\theta}}{1-\theta} + \beta\frac{(C_{t+1}^o)^{1-\theta}}{1-\theta} \qquad (3-5)$$

个体预算约束如下：

$$(1+n_t)C_t^e + C_t^m + \frac{C_{t+1}^o}{1+r_{t+1}} = y_t^m - D_t^m + \frac{P_{t+1}^o}{1+r} \qquad (3-6)$$

$\tau(1+n_t)^{1-\varepsilon}$ 是一个"利他主义"表达式，即子女消费对于父母的效用，ε 用于测定子女消费边际效用的递减程度（$\varepsilon>0$），r 表示利率，θ 是不变风险规避系数，β 是效用贴现率。个体一生中的净财富 $\psi_t^m = y_t^m - D_t^m + \frac{P_{t+1}^o}{1+r}$。

联立式（3-5）和式（3-6），得到代表性个体的最优消费规划为：

$$C_t^e = \tau^{\frac{1}{\theta}}(1+n_t)^{-\frac{\varepsilon}{\theta}}(\Omega_t^m)^{-1}\psi_t^m \qquad (3-7)$$

$$C_t^m = \beta^{\frac{1}{\theta}}(\Omega_t^m)^{-1}\psi_t^m \qquad (3-8)$$

$$C_{t+1}^o = \beta^{\frac{1}{\theta}}(1+r_{t+1})^{\frac{1}{\theta}}(\Omega_t^m)^{-1}\psi_t^m \qquad (3-9)$$

其中，$\Omega_t^m = [\tau^{\frac{1}{\theta}}(1+n_t)^{\frac{\theta-\varepsilon}{\theta}} + 1 + \beta^{\frac{1}{\theta}}(1+r_{t+1})^{\frac{1}{\theta}}]^{-1}$。

上述公式给出了微观个体的最优消费规划，但是一国居民总储蓄率不仅受到单个居民储蓄率的影响，还与各年龄段的人口数量，或者说人口结构有关。对此做出如下假定：$t-1$ 期的总人口为 L，少儿人口、中年人口（或称"工作人口"）以及老年人口的比重分别为 λ_1、λ_2、λ_3，人口增长率为 n_{t-1}，到了 t 期，$t-1$ 期的少儿人口和工作人口成长为工作人口和老年人口。此外，为了反映现实中人均寿命不断延长的事实，假设 $t-1$ 期的老人到了 t 期仍有 η_t 比例的人继续存活，$t+1$ 期的情况依次类推，人口结构的动态变化见表3－5。

表 3－5 经济体的人口年龄结构

	少儿人口	工作人口	老年人口
$t-1$ 期	$\lambda_1 L$	$\lambda_2 L$	$\lambda_3 L$
t 期	$(1+n_t)\lambda_1 L$	$\lambda_1 L$	$\lambda_2 L + \lambda_3 \eta_t L$
$t+1$ 期	$(1+n_t)(1+n_{t+1})\lambda_1 L$	$(1+n_t)\lambda_1 L$	$\lambda_1 L + (\lambda_2 L + \lambda_3 \eta_t L)\eta_{t+1}$

命题1：人均寿命的延长、老年人口抚养负担的上升，对储蓄存在显著的抑制作用；但人口出生率、少儿人口抚养负担对储蓄的影响则不确定，它取决于 ε 和 θ，当孩子的边际效用递减较快，个体跨期消费替代弹性（$1/\theta$）较高时，家庭储蓄率上升。

命题1可由如下推导过程得到：按照人口经济学的定义，少儿人口抚养比为单位工作人口抚养的少儿人口数量，老年人口抚养比为单位工作人口抚养的老年人口数量。结合表3－1，可知 t 期少儿人口抚养比为 $d_t^y = \dfrac{1+n_t}{\lambda_1}$，老年人口抚养比为 $d_t^o = \dfrac{\lambda_2 + \lambda_3 \eta_t}{\lambda_1}$，则 t 期居民的总储蓄率 s_t^p 为：

$$s_t^p = \frac{\lambda_1 L[\psi_t^m - \beta^+(\Omega)^{-1}\psi_t^m] - (1+n_t)\lambda_1 L[\tau^+(1+n_t)^{-+}(\Omega)^{-1}\psi_t^m] - (\lambda_2 L + \lambda_3 \eta_t L)\beta^+(1+r_t)^+(\Omega)^{-1}\psi_t^o}{\lambda_1 L\psi_t^m}$$

（3－10）

ψ_t^o 表示 t 期老年人的终身净财富，简化得到：

$$s_t^p = 1 - \beta^{\frac{1}{\theta}}(\Omega)^{-1} - \tau^{\frac{1}{\theta}}(1+n_t)^{\frac{\theta-\varepsilon}{\theta}}(\Omega)^{-1} - \frac{(\lambda_2 + \lambda_3\eta_t)\beta^{\frac{1}{\theta}}(1+r_t)^{\frac{1}{\theta}}(\Omega)^{-1}\psi_t^o}{\lambda_1\psi_t^m}$$

$$(3-11)$$

由（3－11）式可得如下不等式：

$$\frac{\partial s_t^p}{\partial n_t} = -\frac{\theta-\varepsilon}{\theta}\tau^{\frac{1}{\theta}}(1+n_t)^{-\frac{\varepsilon}{\theta}}(\Omega)^{-1}, \quad \frac{\partial s_t^p}{\partial d_t^y} = -\frac{\theta-\varepsilon}{\theta}\tau^{\frac{1}{\theta}}(1+n_t)^{-\frac{\varepsilon}{\theta}}(\Omega)^{-1}$$

$$(3-12)$$

$$\frac{\partial s_t^p}{\partial \eta_t} = -\frac{\lambda_3\beta^{\frac{1}{\theta}}(1+r_t)^{\frac{1}{\theta}}(\Omega)^{-1}\psi_t^o}{\lambda_1\psi_t^m} < 0, \quad \frac{\partial s_t^p}{\partial d_t^o} = -\frac{\beta^{\frac{1}{\theta}}(1+r_t)^{\frac{1}{\theta}}(\Omega)^{-1}\psi_t^o}{\psi_t^m} < 0$$

$$(3-13)$$

命题 1 的逻辑如下：64 岁以上老年人口属于非工作人群，其储蓄 $s = y - c = -c$，所以老年人口为负储蓄，老年人口比重的增加倾向于下拉总的居民储蓄率。当下，虽然中国的老年人口比重在增加，但是劳动适龄人口比重也在增加，而且数量庞大，可以说是"生之者众，食之者寡"，即人口学中所谓的"人口红利"。受新中国成立初期"婴儿潮"的影响，中国工作人口的年龄结构也比较特殊，50~60 岁的人占据了较高比重。他们要为即将到来的退休生活进行储蓄，加之这部分人的工作年限较长，收入较高，储蓄规模较大（范叙春、朱保华，2012），因此，模型 1 的结论与当下人口老年化愈演愈烈、储蓄率持续攀升的事实并不抵牾。

命题 2：如果不存在流动性约束，完全积累制下的养老金计划不会改变个体的最优消费规划；但是，若一项养老保险制度改革引起了养老金财富在代际的重新分配，则会通过"财富效应"，改变人们的终身预算约束和最优消费规划。

命题 2 的推导如下：在完全积累制下，个人养老金收支关系为 $P_{t+1}^o = (1+r_{t+1})D_t^m$，所以 $\psi_t^m = y_t^m$，即养老金计划不改变个体的终身预算。若个体在金融市场上可以按照现行利率自由融资，则作为强制性储蓄的养老保险金与私人储蓄之间不存在实质性区别，也就不会改变个体的最优消费路径，巴罗—李嘉图等价成立（Hungerford, 2009）。但是在现收现付制下，养老保险制度可能是"非中性"的，由当代工作人口为退休人口的养老提供融资，即 $P_t^o = D_t^m$，会出现个体一生中领取的养老金精算现值与本人一生中缴纳的养老保险费精算现值不相等的情形，即出现养老金的代际转移。若 $P_{t+1}^o < (1 + r_{t+1})D_t^m$，表明养老金财富由当代人转移至上一代人，当代人的养老金净财富为负。由于 $\dfrac{\partial s_t^p}{\partial(\psi_t^o/\psi_t^m)} = -\dfrac{(\lambda_2 + \lambda_3 \eta_t)\beta^{\frac{1}{\tau}}(1 + r_t)^{\frac{1}{\tau}}(\Omega)^{-1}}{\lambda_1} <$

0，若养老保险制度改革（reform）降低了 ψ_t^o/ψ_t^m，则 $\dfrac{\partial s_t^p}{\partial(reform)} > 0$。

考虑到代际经济增长率的差异，假设 $y_{t+1}^m = (1 + g_t)y_t^m$，有 $\dfrac{\partial s_t^p}{\partial g_t} =$

$\dfrac{(\lambda_2 + \lambda_3 \eta_t)\beta^{\frac{1}{\tau}}(1 + r_t)^{\frac{1}{\tau}}(\Omega)^{-1}\psi_t^o}{\lambda_1 y_{t-1}^m(\psi_t^m)^2} > 0$。

三　养老保险制度转轨对居民储蓄的检验

（一）模型的设定

命题 1 和命题 2 给出了人口年龄结构、养老保险制度以及经济增长率对于储蓄率的影响。此外，中国经济特殊的二元结构以及收入或支出的不确定性，也可能构成高储蓄的原因，在计量模型中也应该引入相应的解释变量。综合上述因素，本文将解释变量分解为五类：第一类是人口结构，采用少儿人口抚养比（d^y）、老年人口抚养比（d^o）、人均预期寿命（η）代理；第二类是养老保险制度转轨，采用养老保险覆盖率（secucov）、养老保险金规模（secufund）、1997 年养老保险制度改革（reform1997）、2005 年养老保险制度改革

（reform2005）代理；第三类是不确定性，采用收入波动（uny）和支出波动（une）代理；第四类是经济增长，采用人均收入增长率（g）代理；第五类是二元结构，采用城乡居民收入差距（gap）和城镇化进程（urb）代理。据此，本文的计量方程设置为（3-14）式，其中下标 i 表示地区、下标 t 表示年份，s 为居民储蓄率，α 为滞后内生变量的待估参数（$|\alpha| < 1$），γ_i 和 f_t 分别代表非观测的地区和时间特定效应，ε_{it} 表示随机扰动项，$E(X_{it}\varepsilon_{it}) \neq 0$，$E(\gamma_i) = E(\varepsilon_{it}) = E(\gamma_i\varepsilon_{it}) = 0$。此外，Kelley 和 Schmidt 的研究发现，人口结构和收入增长的交互作用可能会抑制储蓄，所以模型中引入了二者的交互项 $g \cdot d^y$ 和 $g \cdot d^o$：

$$s_{it} = \alpha_0 + \underbrace{\beta_1 g_{it}}_{\text{经济增长}} + \underbrace{\beta_2 gap_{it} + \beta_3 urb_{it}}_{\text{城乡结构}} + \underbrace{\beta_4 d_{it}^y + \beta_5 d_{it}^o + \beta_6 \eta_{it}}_{\text{人口结构}} +$$

$$\underbrace{\beta_7 cov_{it} + \beta_8 fund_{it} + \beta_9 reform1997_{it} + \beta_{10} reform2005_{it}}_{\text{养老保险制度}} +$$

$$\underbrace{\beta_{11} g. d_{it}^y + \beta_{12} g. d_{it}^o + \beta_{13} cov_{it} fund_{it}}_{\text{变量的交互项}} + \underbrace{\beta_{14} uny_{it} + \beta_{15} une_{it}}_{\text{不确定性}} + \gamma_i + f_t + \varepsilon_{it}$$

$$(3-14)$$

（二）变量测度和数据处理

（1）居民储蓄率

按照国民收入核算理论，国民收入从延伸性分配的视角可以划分为居民、企业和政府三大块，本研究的居民储蓄率定义为居民储蓄占居民可支配收入的比重。在中国国家统计局公布的省际层面数据中，没有"居民可支配收入"一栏，但是列出了各地区农村居民和城镇居民的年收入和消费情况，本研究将城镇居民储蓄率定义为城镇人均储蓄占其人均可支配收入的比重，人均储蓄由人均可支配收入与人均消费相减得到。农村居民储蓄率类似于对城镇居民储蓄率的定义，所不同的是，农村居民人均可支配收入用其人均纯收入代理。因此，居民储蓄率定义为：

$$居民储蓄率 = \frac{\sum_i 人口数_i \times (人均可支配收入_i - 人均消费_i)}{\sum_i 人口数_i \times 人均可支配收入_i} \quad (i = 城镇, 农村)$$

（2）人口年龄结构

考虑到数据的可获得性，人口年龄结构采用 Leff（1969）的做法，选择少儿人口抚养比和老年人口抚养比代理，少儿人口抚养比为 15 岁以下人口数除以 15～64 岁人口数，老年人口抚养比为 65 岁以上人口数除以 15～64 岁人口数。在中国省际层面的统计数据中，早期人口结构的统计口径是按照城市、镇和农村划分的，本研究根据各地区城市和镇各自的人口抚养比及其相应的人口数，将城市和镇的人口抚养负担合并为相应的城镇人口抚养负担。

（3）人均寿命

中国现有职工的法定退休年龄男性为 60 岁，一般女性为 50 岁，女性干部为 55 岁。人均寿命的增加，意味着个体一生中非工作期的延长和老年抚养负担的加重，根据命题 1，人均寿命应该与储蓄率呈一种负相关关系。在现有的口径中，无法采集到居民的人均寿命数据，国家统计局仅公布了 1990 年和 2000 年各地区的人均预期寿命分布情况，但显然，"人均预期寿命"与"人均寿命"存在本质区别。由于"人均预期寿命"主要针对的是未来，如果个体在工作阶段已经预期到未来将存活更长年限，那么他将倾向于进行更多的储蓄，所以理论上"人均预期寿命"与居民储蓄率之间应该呈现一种正相关关系。本文采用胡英的做法，根据死亡率的历史数据，间接地进行推算。

（4）养老保险制度

养老保险制度在现实中折射为养老保险覆盖面和养老保险缴费额。前者一般采用参加养老保险人数占总人口的比重代理，后者以基本养老保险基金收入占 GDP 的比重代理。此外，为在回归方程中体现 1997 年和 2005 年两次养老保险制度改革对储蓄的影响，笔者引入了 1997 年和 2005 年两个时间虚拟变量。即：$reform\ 1997 = \begin{cases} 0, t < 1997 \\ 1, t \geq 1997 \end{cases}$，$reform\ 2005$ 与此类似。

（5）不确定性

不确定性系居民对于其未来的支出或收入情况不能准确地预知结果。易行健等人认为，如果预期未来消费增长率的二次方提高了，那么消费者对未来消费支出增长的预期也会随之提高，因此，可以考虑采用"相对谨慎性系数"来代理不确定性或者预防性储蓄动机强度。[①] 基于适应性预期理论，Kraay 提出用实际收入与其确定性趋势的差额来测度收入的不确定性。考虑到省级行政区面板数据的可获取性，本研究采用汪浩瀚、唐绍祥的做法，[②] 用支出的均值代理其确定性趋势，并通过二次方来加大对偏离均值收入的惩罚。即：

$$une = (\Delta \ln e_{it} - \frac{\sum_{t=1}^{m} \Delta \ln e_{it}}{n})^2$$

收入不确定性的度量与此类似。

（6）其他解释变量

收入增长率由各年份的人均收入计算得到，为了剔除物价水平所可能带来的偏差，本研究利用消费者价格指数进行了矫正。城乡收入差距由城镇居民人均可支配收入除以农村居民人均纯收入得到。城镇化进程由城镇人口占总人口的比重代理，城镇人口的数量由总人口减去乡村人口得到。本研究的样本为 1994～2010 年 30 个省、自治区、直辖市的面板数据（未包括重庆），人口结构的相关数据主

---

① 易行健等：《预防性储蓄动机强度的时序变化与地区差异——基于中国农村居民的实证研究》，《经济研究》2008 年第 2 期。

② 汪浩瀚、唐绍祥：《中国农村居民预防性储蓄动机估计及影响因素分析》，《农业技术经济》2010 年第 1 期。

要来源为《中国人口统计年鉴》以及《中国人口和就业统计年鉴》，乡村居民人口数据来源为《中国农村统计年鉴》，其余数据均源自《中国统计年鉴》。为消除异方差，实证中除经济增长率（部分年份为负值）和时间虚拟变量外，其余变量均进行了对数化处理。

（三） GMM 估计结果与解释

遵循计量分析中常用的"从一般到特殊"的思路，本书从较为一般性的研究框架出发逐步筛选变量，以得到简化模型。在表3-6的基本模型（1）中，首先将人口年龄结构、城乡结构、养老保险制度、经济增长率、不确定性等相关变量全部纳入计量分析中，发现城镇化、收入不确定性以及部分变量交互项的估计系数在统计上不显著。于是在模型中，逐步剔除了这些变量重新进行回归，最终得到了简化的模型（4）。[①] 表3-6报告了使用工具变量法进行的二阶段GMM 估计结果。Sargan 过度识别检验的 p 值为1，表明工具变量集是联合有效的。样本的残差序列相关性检验表明，差分后的残差只存在一阶序列相关，而无二阶序列相关性，因此估计的结果可以断定，原模型的误差项无序列相关。以上检验均表明模型的识别是恰当的。

为验证计量模型的稳健性，采取如下方法。一是拔靴法（Bootstrap），从已有样本中随机抽取个体，构成一个新的样本，然后重新计算这个新样本的统计分布。对于小样本数据而言，拔靴法通过对样本重复抽放，以近似拟合真实总体，从而使回归结论更能反映总体的特征。选择重复抽样1000次，结果见模型（5）。研究发现，采用这种方法由于不能消除模型的内生性问题，部分待估参数的符号和显著性发生了变化，说明了静态模型的失效。二是分位数回归，

---

① 笔者还使用了普通最小二乘法进行回归。结果发现，少儿人口抚养比和人均预期寿命的系数符号为正，但未通过显著性检验；养老保险总支出系数为负，与其他模型估计结果相反，表明在解释变量非外生的情况下，使用经典回归会出现偏差或非一致，从而验证了笔者选择动态面板数据方法的正确性。

在模型（6）中选择分位数回归，剔除一些异常样本，以消除极端值对估算的干扰。① 三是替换指标法，模型（7）中将"人均预期寿命"的测度更换为各省、自治区、直辖市人口死亡率的相反数，模型（8）中将"养老保险缴费"用"人均养老金"来代理。结果显示，人口年龄结构、预期寿命、养老保险覆盖率、支出不确定性等变量的系数符号以及显著性没有发生变化，表明各个变量之间具有很强的独立性，剔除一个变量或者改变其中一个变量的测度，不会对其他变量的估计结果产生重大影响，因此模型对不同解释变量和不同样本都是稳健的。

此外，中国的城镇与农村被认为是两个独立运行的封闭系统，在人口年龄结构、人均预期寿命、养老保障、消费认知等诸多方面均不尽相同，城镇居民和农村居民在消费方面可能存在各自的"固定效应"，这一点在总体样本回归模型中是无法识别的。所以本研究还采用了分样本形式，对城镇居民和农村居民的消费函数分别进行计量回归，以比较两类居民的消费行为是否存在系统性差别，延宕其消费的主导因素是否相同，以便采取有针对性的思路，化解中国当前的高储蓄率问题。结果发现由于城镇家庭以工资收入为主，而农村家庭以家庭经营性收入为主，前者是稳定而可预期的，后者却由于农作物对气候和市场的敏感性，表现出高度的不确定性，预防性储蓄动机强烈。特别是在一些子女较多的农村家庭，父母通常节衣缩食，为子女以后的读书、婚嫁做准备，从而出现"预防性储蓄"和"目标性储蓄"双重叠加的现象。②

---

① 首先计算各地区人口抚养负担和养老保险覆盖率的均值，以及它们的10%和90%分位数值，然后把样本中低于10%分位数值和高于90%分位数值予以剔除，最终得到24个省、自治区、直辖市样本（剔除了北京、上海、海南、贵州、云南、西藏）。另外，由于1994～2009年的人口年龄结构数据是根据抽样调查得到的，而2010年的数据则来源于第六次人口普查，统计方法、测度口径上存在差异，所以模型（6）剔除了2010年各省、自治区、直辖市数据。

② 囿于篇幅，本研究没有报告分城乡居民分样本回归结果，感兴趣的读者可向作者索取。

表 3-6 基本模型的估计结果

被解释变量：居民储蓄率

解释变量	基本回归方程					稳健性检验		
	(1)	(2)	(3)	(4)	(5)	(6)	(7)	(8)
常数项	-17.60** (2.41)	-16.15*** (-3.11)	-23.23*** (-2.99)	-19.54*** (-3.45)	-2.12 (-0.45)	-57.36*** (-3.03)	2.13*** (7.84)	-16.55*** (-3.50)
居民储蓄率（滞后一期）	-0.103*** (-4.98)	-0.146*** (-10.17)	-0.132*** (-9.49)	-0.133*** (-9.54)		-0.139*** (-7.38)	-0.134*** (-8.90)	-0.114*** (-6.64)
居民收入增长率	-0.062 (-1.08)	0.008*** (5.71)	0.007*** (6.70)	0.007*** (6.84)	0.005* (1.78)	0.005 (1.55)	0.009*** (5.97)	0.008*** (6.91)
城乡居民收入差距	-0.474** (-2.06)	-0.224* (-1.90)	-0.407** (-2.41)	-0.330** (-2.55)	-0.22* (-1.76)	-0.418** (-2.05)	-0.294** (-2.36)	-0.309** (-2.62)
少儿抚养比	0.052 (0.20)	0.544*** (4.85)	0.559*** (5.38)	0.524*** (5.76)	0.64*** (3.15)	0.779*** (4.30)	0.458*** (8.41)	0.556*** (5.37)
老年抚养比	-0.256* (-1.68)	-0.242** (-2.29)	-0.311*** (-2.70)	-0.284*** (-2.69)	0.199 (1.22)	-1.244** (-2.39)	-0.161** (-2.27)	-0.243** (-2.54)
人均预期寿命	5.034*** (3.09)	4.238*** (3.75)	5.849*** (3.18)	4.978*** (3.72)	0.688 (0.59)	14.16*** (3.00)	0.754*** (-5.50)	4.154*** (3.74)
养老保险覆盖率	0.172 (1.40)	0.268*** (5.22)	0.259*** (6.93)	0.265*** (7.35)	0.166** (2.54)	0.298*** (4.52)	0.304*** (7.07)	0.218*** (4.89)

续表

被解释变量：居民储蓄率

解释变量	基本回归方程				稳健性检验			
	(1)	(2)	(3)	(4)	(5)	(6)	(7)	(8)
养老保险缴费	0.080 (1.44)	0.085*** (4.78)	0.072*** (4.87)	0.072*** (4.97)	0.097** (2.07)	0.034** (3.00)	0.068*** (5.92)	0.084*** (3.23)
1997年时间虚拟变量	0.330*** (13.58)	0.351*** (17.19)	0.335*** (20.51)	0.339*** (23.50)	0.346*** (7.86)	0.306*** (6.00)	0.366*** (26.70)	0.312*** (12.93)
2005年时间虚拟变量	0.167*** (2.82)	0.189*** (3.11)	0.109*** (6.78)	0.111*** (6.97)	0.147*** (3.20)	0.086** (2.80)	0.103*** (5.46)	0.088*** (4.76)
支出不确定性	5.598*** (3.15)	7.396*** (5.96)	5.558*** (4.26)	6.61*** (8.62)	4.223*** (3.80)	7.068*** (7.81)	6.554*** (6.80)	6.967*** (9.63)
收入不确定性	3.090 (1.16)	-0.967 (-0.63)	1.866 (0.89)					
城镇化	-0.118 (-0.75)	-0.156 (-0.96)						
居民收入增长率×少儿抚养比	0.024** (2.54)							
居民收入增长率×老年抚养比	-0.007 (-0.56)							

续表

被解释变量：居民储蓄率

解释变量	基本回归方程					稳健性检验		
	(1)	(2)	(3)	(4)	(5)	(6)	(7)	(8)
养老保险覆盖率×养老保险缴费	-0.004 (-0.08)							
Wald chi² / Prob > chi²	2878.37 (0.000)	2400.93 (0.000)	2936.01 (0.000)	2966.39 (0.000)	397.34 (0.000)	2761.32 (0.000)	2558.60 (0.000)	2552.29 (0.000)
Sargan 检验	22.756 (1.000)	27.417 (1.000)	27.839 (1.000)	28.372 (1.000)		20.509 (1.000)	28.573 (1.000)	27.191 (1.000)
AR_1	-3.845 (0.000)	-4.143 (0.000)	-4.182 (0.000)	-4.185 (0.000)		-3.369 (0.001)	-4.191 (0.000)	-4.117 (0.000)
AR_2	1.400 (0.161)	1.203 (0.229)	1.272 (0.203)	1.255 (0.209)		-3.889 (0.697)	0.746 (0.456)	1.285 (0.198)
观测值个数	510	510	510	510	510	384	510	510

注：(1) 本表所有估计均使用 Stata10，估计方法为动态面板两步估计法。
(2) *、**、*** 分别表示在 10%、5% 和 1% 水平下的统计显著性，括号中数据为 t 统计量。
(3) Sargan 检验给出的是过度识别约束的检验值，AR_1、AR_2 分别表示一阶和二阶残差序列的 Arellano-Bond 自相关检验。
(4) 模型 (5) 为拔靴法 (Bootstrap) 检验，模型 (6) 为分位数回归检验，模型 (7) 和模型 (8) 为替换指标回归检验。

模型的估计结果表明以下几点。

第一，少儿抚养比与居民储蓄之间呈正相关关系，且在1%显著性水平下通过了检验。一般认为，少儿人口属于非工作人口，少儿抚养负担增加时，收入可能不变，但总支出会增加，储蓄相应地减少。本研究的结论与此不同，其原因可能如下。（1）由于贝克尔式的权衡，当家庭中的子女数量增加时，支出并不会同幅度增加，特别是在 ε 很大时，家庭支出可能增加得很少（Becker & Barro，1988）。（2）随着教育成本的递增，家庭在子女身上的支出重心，逐渐由传统的衣食住行转向教育，家庭支出趋于"远期化"。（3）计量模型中存在技术性误差。例如，理论上人口抚养负担是就非工作人口占工作人口的比重而言的，单纯从人口年龄进行测度不完全准确；劳动供给可能是内生的，当家庭中子女数量增加时，父母可能减少闲暇；少儿抚养比未能区分作为家长的个体和非家长的个体，而这可能成为生命周期假设检验的关键（舒尔茨，2005）。

第二，老年抚养比系数为负，说明老年人口比重的加大抑制了居民储蓄率，这与命题1的结论是吻合的。其原因可能在于，老年人口比重上升后，医疗支出增加，社会创新能力弱化，经济增长受阻。在以往的实证研究中，也曾发现老年人口比重变化对储蓄没有显著影响，甚至二者是正相关的，并将此原因归结为代际强烈的"遗产馈赠动机"。但问题是，个体一生中的消费规划往往是在中年工作时做出的，当其进入老年时，已经不大可能再会改变自己的消费路径了。换言之，即使存在"遗产馈赠动机"，该笔财富在个体工作时也已经预留出来。还有一个代表性观点是"内生劳动力供给"，认为在中国家庭式养老模式下，当养老负担较重时，年轻一代可能减少闲暇，更努力工作（彭浩然，2012）。表3－6的模型（1）引入了老年抚养比与经济增长的交互项，该交互项与经济增长之间高度的相关性造成了模型难以避免的多重共线性，变量的估计参数通不过检验。

第三，作为一种前瞻性因素（forward-looking），人均预期寿命对储蓄的影响显著为正，且在不同模型下保持了较高的稳定性，这一结论与 Sheshinski（2009）、刘生龙等人（2012）的研究结果类似。由于中国的退休年龄是刚性的，人均预期寿命的延长，意味着个体在退休后将会经历更长时间的非工作期，从而需要更多的储蓄。人均预期寿命延长对于储蓄的助长机制不仅在于人口抚养负担的上扬，更重要在于人口的老龄化，即"高龄化"，由此而产生的"惯性推移"和"高龄洪峰"效应愈发明显。按照王延中的估计，未来中国65 岁以上老年人口的年平均增速为 2.3%，而 80 岁以上人口的年平均增速达 4.2%，预计到 2050 年，中国高龄老年人口规模将突破 1亿。"自理能力部分丧失"带来的护理费用和疾病频发引起的医疗支出，都在很大程度上诱导当代人进行更多的储蓄，以备未来之需。

第四，养老保险覆盖面、养老保险缴费率、养老保险制度改革，均显著提高了居民储蓄率。这与直觉上认为社会保障会弱化居民预防性储蓄倾向从而减少储蓄的看法不太一致。综合已有的研究和中国养老保险制度的实际运行，笔者认为其原因如下。（1）由于中国养老保险制度由"现收现付制"向"部分积累制"转轨、养老金投资收益不确定、金融市场不完备等特点，居民对于养老金账户资产评价较低，养老金资产难以替代居民其他资产，二者之间的"替代关系"不成立。（2）养老保险制度调整频繁，政策设计在各种目标的平衡中举棋不定，养老金发放的标准、退休年龄的确定等都处在极大的争议中，整个养老社会保险体系无法给予公众一个明朗的预期，个人无法确切了解养老金的实际价值有多大，从而不得不依靠自身的储蓄来为今后的老年生活提供保障。（3）养老保险制度长期的"双规制"运行以及养老保险制度改革的"非中性"，造成养老保险制度改革中部分人受益、部分人受损的状况，若受益者的边际消费倾向相对较低，则反而会助长居民总储蓄率。

第五，居民收入增长率的估计参数在1%的显著性水平下通过了检验，且系数符号为正，与理论预期相吻合，表明经济的高速增长所带来的财富相对增加（ψ_t^m/ψ_t^i上升）是驱动当下中国居民储蓄持续攀升的原因之一。收入不确定性的系数通不过显著性检验，支出的不确定性显著提高了居民储蓄，且在不同模型下保持了稳健性，说明造成当前预防性储蓄的主要原因来自支出方面。预防性储蓄理论表明，在不确定性情况下，预期未来消费的边际效用要大于确定性情况下消费的边际效用，并诱导消费者把更多的财富转移至未来。在传统农业社会向现代工业社会的结构转型、计划经济向市场经济的体制转轨之后，居民面对的风险因素增多，"教育""养老""防病""防失业""防通胀"等预防性动机推高了中国居民的储蓄率。加之中国居民家庭金融资产持有形式单一，对预期到的收入表现出过度平滑性，推迟消费现象明显。

本研究表明，人口结构与养老保险制度转轨对居民储蓄的影响是复杂的、动态的，具有复合函数的性质。不能把养老保险财富与个人储蓄视为简单的线性式替代，而必须从养老保险制度改革的深层次背景入手，充分考虑城镇居民和农村居民消费行为的结构性差异，系统地识别少儿抚养负担和老年抚养负担对于家庭预算约束的不同含义。人口结构促成的高储蓄有其自身的规律，人口结构的"年轻化"或者"老龄化"是各年龄段人口规模在时间上错置的结果，从一个完整的周期看，人口年龄结构是平衡的。这意味着由人口年龄结构引起的居民储蓄在某种程度上具有自发调整的机制。因此必须基于人口学规律，在宽广的经济社会视野中，科学、合理地评估人口结构与养老保险制度改革对中国居民储蓄的影响，并提供切实可行的政策性治理思路。跳出片面追求扩大养老保险覆盖面的传统思维，将养老保险改革的重心放在代际养老金财富的再分配上，通过转轨中"隐性负债"的合理分配，降低居民储蓄倾向。为减少养老保险改革中的不确定性，在制度安排上需要统筹规划、顶层设计，避免条块分割和一味地"打补丁"，使养老保险改革能为居民提供一个更为明朗的预期，从而提振居民消费信心，释放消费潜力，实现经济的平稳、有序运行。

第四章　人口年龄结构对贸易顺差的影响

　　由于中国与其他经济体人口转型时序上的先后和速率上的高低，人口年龄结构呈现出不同的地域分布特征。在一个可求解的迭代模型中，中国因劳动适龄人口数量多、人口抚养比低而倾向于高储蓄，考虑到人口的储蓄重心一般要晚于投资需求，所以出现结构性的国民储蓄大于国内投资的问题，经常项目顺差自然成为这个问题的一部分，进一步的数值模拟为上述判断提供了支持。第三章详细考察了人口年龄结构对储蓄的影响，这一章主要分析人口结构对投资以及外贸顺差的影响。

第一节　人口年龄结构与投资

一　人口年龄结构与投资：物质资本层面

　　人口年龄结构与物质资本投资的关系表现为：当人口年龄结构中劳动适龄人口比重高，劳动力供给较多时，为维持恒定的人均资本存量就需要追加投资，而当人口年龄结构中劳动适龄人口比重低，劳动力供给较少时，则无须追加投资或只需要追加较少的投资。按照索洛模型，$\Delta k = i - (n + \delta) k$，即人均资本存量的变动是人均新增投资与人均资本折旧之差，考虑到人口的增加可能会稀释部分资本，所以还应扣除净增人口因素。伴随着中国劳动适龄人口的增加，社会需要新增投资来与这部分新增劳动力相匹配，以确保一个均衡的人均资本存量。Batini 等人（2006）的研究表明发展中国家劳动力供给的增加提高了资本的边际产品价值，刺激了投资。但是，动态地看，经济并不总是处于均衡中，人均资本存量可能是不断变化的，当劳动适龄人口多，劳动力价格低廉时，会不会发生劳动力替代资本，人均资本存量下行的可能？当发生技术进步时，资本和劳动力的投入会增加，但资本节约型的技术进步却会降低相对的资本劳动比。[①]

　　为了系统考察人口年龄结构与投资的关系，笔者梳理了中国1979～2008 年新增劳动力和新增投资情况（图 4－1）。由于中国的人口年龄结构偏于"年轻化"，劳动适龄人口比重高，劳动力资源充裕，1979～1990 年中国每年新增劳动力约 1600 万，1991～2008 年每年新增劳动力在 480 万左右。相形之下，新增投资变动较为剧烈，特别是 2001 年以后，投资急剧膨胀。综合二者，可以断言，中国的

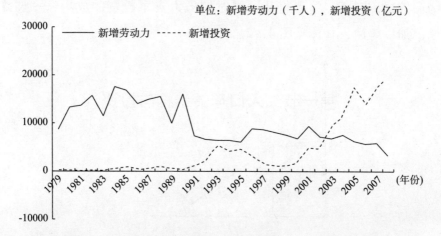

图 4－1　中国 1979～2008 年就业人口和新增投资情况

　　资料来源：新增劳动力用就业人口变动代理，新增投资用资本形成来代理，数据来源于各年度的《中国统计年鉴》；由于 1990 年前后就业人口的统计口径存在差异，这里利用算术平均数进行了平滑计算。

---

① Batini 等人（2006）发现，虽然日本的劳动适龄人口比重在下降，但是其投资却是增加的，他们将其解释为资本对劳动力的一种替代，但同时他们指出，因为与劳动力配套的资本需求减少了，所以投资最终还是会降下来。

新增投资要快于新增劳动力，人均资本存量是递增的，"资本深化"成为经济发展中的典型事实。当然，这种粗略的考察本身存在一些缺陷，因为影响投资的因素多种多样，劳动力可能只是其中一种。此外，从公共投资视角看，如果少儿人口和老年人口数量较少，则国民收入中用于少儿教育和老人护理的比重较轻，相应用于"生产性"投资品的数量就会较多。

二　人口年龄结构与投资：人力资本层面

设个体的生命年限为区间 $[0, T]$，T_1、T_2 和 T_3 分别表示少儿期、中年期以及老年期的时间跨度，个体可以按照市场利率进行融资，不存在流动性约束，人力资本投资在 t 时刻一次性完成，现在的问题是人力资本投资在个体生命周期中的哪个阶段进行是最优的？为回答这一问题，笔者将从不同时期人力资本投资的成本——收益情况加以解读，具体见图 4 - 2。

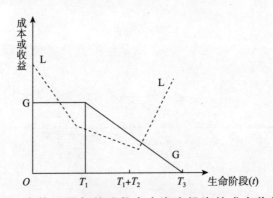

图 4 - 2　个体不同年龄阶段人力资本投资的成本收益情况

注：LL 线表示个体在 t 时刻获取单位人力资本所要支付的成本、GG 线表示 t 时刻投资的单位人力资本给个体带来的总收益。

成本方面：由于人力资本投资是以人作为载体，个体在年龄上过小或过大，都不利于其接受外来知识和信息，而在中年阶段附近，人的接受能力最强，学习效果最佳，获取等量的人力资本耗费的成本最低。因此，图中的 LL 线是一个先下斜而后上升的过程，即开始时随着个体年龄的增长，学习能力增强，投资成本下降，而步入老年以后，个体受生理因素影响，身体素质、思维反应等出现弱化，投资成本上升。

收益方面：由于人力资本是附着于人体之中的，与人（载体）相形相随，最后在个体生命终结时消失。从收入流的角度看，个体在 t 时刻进行人力资本投资的收益为：$G = F \cdot \min\{T-t, T-T_1\}$，其中 F 表示人力资本投资带来的年收入。显然，人力资本投资越靠近生命年限的早期，个体获取的收入流就越长。因此，图中的 GG 线先呈水平状而后下行，即在少儿阶段进行投资的收益最大，因为这样的话一生中有 $T-T_1$ 股收入流，[①] 而到了少儿阶段以后进行投资，即 $t > T_1$，收入流次数降低了。

综合人力资本投资的成本收益情况，最佳的人力资本投资时间应该是 GG 线和 LL 线之间距离最大处对应的时点（当然，必须确保净收益是一个正值），由于个体生命年限的早期对应的是 ｛高收益，高成本｝组合；早期偏后的一段时间对应的是 ｛高收益，低成本｝；晚期则是 ｛低收益，高成本｝，所以最佳的投资区间应该位于少儿期附近。换言之，当个体偏向于年轻化时，其人力资本投资支出大；当社会中少儿人口比重高时，社会在人力资本投资上的支出庞大。

Higgins（1998）的实证研究发现，35~39 岁以前的年轻人口比重增加将导致更高的投资率，这个时间段中，年龄变化对投资率的影响程度是先增大后减少，15~19 岁左右达到峰值；39 岁以后人口比例的提高将导致更低的投资率，55~59 岁人口比例的提高对投资率下降的影响最大；70 岁以上人口比重增加对投资的影响为正，但在统计上不显著。在近二十几年中（1982~2006 年），中国 15~19 岁的人口比重

---

① 由于个体在少儿阶段还没有进入劳动力市场，所以人力资本投资收入流的最大次数也是 $T-T_1$。

由 12.49% 下降至 8.81%；20～24 岁的人口比重由 7.41% 下降至 6.39%；25～29 岁的人口比重由 9.22% 下降至 6.21%，可见因人口年龄结构引发的人力资本投资高峰期在这个阶段已逝去。

三　人口年龄结构与投资：进一步的考察

接下来通过脉冲响应函数考察一个单位人口抚养比的变化可以引起多大程度的投资变动，结果见图 4－3，其中横轴表示冲击作用的滞后期间数，纵轴表示投资率。可以看出，人口抚养比和投资在整个考察期内都是一种负相关关系，当在本期给人口抚养比一个正冲击后，投资在第 1～2 期内小幅下降，在第 3～5 期跌至峰谷，第 5 期后小幅增加，第 8 期开始趋于稳定，因此，人口年龄结构对投资的影响近似于"V"字形走势。

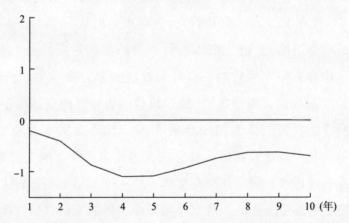

图 4－3　投资对人口抚养比冲击的反应（Impulse Responses）

进一步的 Granger 因果关系表明（表 4－1），在 5% 的显著性水平下，人口抚养比变化不是投资变化原因的假设被拒绝，投资变化不是人口抚养比变化的原因被接受，说明人口抚养比（Dep）对投资（Inv）存在单向 Granger 因果关系，人口抚养比的下挫，劳动适龄人口的增加将有助于扩大投资。反之则会抑制投资规模，这与前文中的理论预测是吻合的。

表 4 - 1　Granger 因果关系检验结果

滞后阶数	零假设	F 统计值	P 值	结论
2	Dep 不是 Inv 变化的原因	3. 35	0. 05	拒绝原假设
2	Inv 不是 Dep 变化的原因	0. 53	0. 60	接受原假设

第二节　人口年龄结构与贸易收支

一　双缺口模型

1966 年美国经济学家钱纳里和斯特劳特提出了"双缺口模型"，认为在封闭经济条件下，投资是需求，储蓄是对投资的资金供给，一国的投资规模受制于该国的储蓄能力，他们强调低收入国家由于储蓄不足，需要引进外部资源。由于 $S - I = X - M$，所以当一国储蓄小于投资时，表明该国处于入超，相反，则表明该国处于出超。[①] 古典经济学家认为储蓄会全部转化为投资，储蓄和投资之间是一条直通道。但后来的凯恩斯经济学使人们意识到储蓄和投资之间的通道可能并不畅通，在资本边际收益递减的影响下，可能出现投资不足。经济中不是供给决定需求，而是需求决定了供给，需求是经济中的"短板"，是决定性因素。

在一国经济开放后，无论是资金的供给，还是资金的需求都会由单一的国内视域延伸至国际范围，这种情况下，本国的投资可能会高于储蓄，其缺口源于国际资本输入，当本国的储蓄过多时，多

---

① 中国目前在资本项目和经常项目上均出现顺差，钟伟（2007）认为双顺差的根本成因在于两点：一是劳动成本的国际差异，导致中国逐渐成为国际加工装配中心从而保持较大的贸易盈余；另一个原因是人民币实际有效汇率贬值、投机性资本流入的冲击以及 FDI 的大量流入导致我国资本项目盈余。

余的资金将流向他国。这就暗示，经济开放后国内储蓄与国内投资之间原有的共生关系可能不复存在，不过这一点却不曾得到经验研究的证实。Feldstein 和 Horioka（1980）利用 1960～1974 年 OECD 国家的历史数据，对国民投资率和国民储蓄率进行截面回归时发现，即使在 20 世纪 70 年代资本市场管制放松的背景下，储蓄和投资仍然存在高度正相关性。虽然有学者对这一结论存有质疑，并通过扩大样本容量，引入工具变量等方法对这一问题进行重新检验，但结果都证实了 Feldstein 和 Horioka 的发现。

图 4－4 梳理了中国 1978～2008 年的储蓄和投资情况，从中可以得到这样一些信息：（1）从 1980 年开始，储蓄率随时间递增，从折线图的走势看，凹凸感不显著，说明储蓄率的起伏较小；（2）除少数年份外，投资率也是逐年递增的，但是在 1989 年和 1990 年两年出现低谷，随后稳步攀升，1993 年达到 38% 的高水平，此后呈趋势性增长；（3）储蓄和投资呈现出强烈的协同变动趋势，粗略的计算表明，二者间的相关系数为 0.91，但是在图 4－4 中，1994 年以后储蓄率始终高于投资率，说明国内储蓄和投资之间存在一个正的缺口。

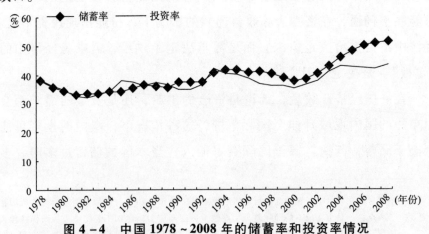

图 4－4　中国 1978～2008 年的储蓄率和投资率情况

资料来源：由《2009 年中国统计年鉴》计算得到。

二 "双缺口模型"在贸易收支上的应用

按照"双缺口模型",一国的贸易收支等于其国民储蓄减去国内投资,因此分析人口年龄结构对外贸顺差的冲击可以借助对储蓄和投资各自的影响加以实现(图4-5)。就是说,人口年龄结构的变化会同时导致储蓄和投资的变化,贸易收支则取决于这两种变化的净效应,如果储蓄效应占主导,则表明人口抚养负担的下降改善了贸易收支,反之则是恶化了贸易收支。不过问题的复杂性还在于储蓄和投资可能不是独立的,高储蓄增加了资金供给,从而会提高均衡的投资水平。

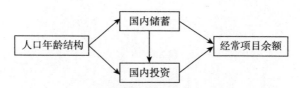

图4-5 人口年龄结构影响经常项目余额

按照生命周期理论,个体在劳动适龄阶段倾向于储蓄,而在其他阶段则表现为负储蓄。Higgins(1998)的研究进一步表明,个体储蓄的重心较之于投资需求要来得晚。具体来讲,0~24岁年龄段的人口趋向于弱化储蓄和增加投资,因此这一年龄段的人口比重与贸易收支存在负相关性;35~39岁年龄段的人口通常表现出高储蓄和低投资倾向;老年阶段的人口在储蓄和投资方面都会下降,但前者下降得更快。所以如果一个国家35~39岁年龄段的人口比重越高,其储蓄投资缺口或者贸易顺差就会越大,处于这一年龄段附近的人口比重越高,外贸顺差会越少,远离这一年龄段的人口比重越高,贸易逆差越高。[①] 可见,Higgins 的发现与本研究的结论是一致

---

① 不过,随着个体受教育年限的延长,其投资的期限会扩展,储蓄的高峰期会向后延迟。

的，不过 Higgins 在分析人口年龄结构对贸易收支的影响方面又前进了一步。

2008 年中国各年龄段人口大致分布如下（图 4-6）。0~14 岁人口占 17.3%，15~34 岁人口占 28.2%，35~39 岁人口占 9.3%，40~44 岁人口占 9.7%，45~64 岁人口占 26%，65 岁以上人口占 9.5%，其中 35~39 岁和 40~44 岁这两个年龄段的人口比重最高，而处于这两个年龄段的人口具有较高的储蓄倾向和较低的投资倾向，因此这种人口年龄结构容易与宏观经济中的外贸顺差相关联。考虑到人口年龄结构的完全转变需要一个过程，所以由人口年龄结构生成的顺差往往是一种结构性的。

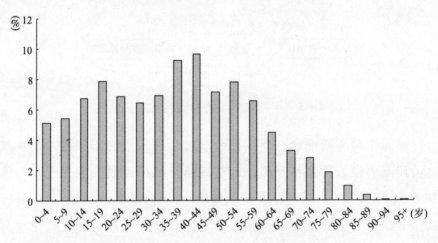

图 4-6　2008 年中国人口年龄结构情况（%）

资料来源：2008 年全国人口变动情况抽样调查样本数据，抽样比为 0.887‰。

第三节　人口年龄结构与中国的贸易
顺差：基于全球的视角

割舍世界经济的联系，单一地从中国内部考察其经常项目的失衡是不科学的。因为全球经济作为一个整体是封闭的，中国的顺差意味着"余下国家"的逆差,外贸失衡具有"交互性"(施建淮,2005;Cooper,2008);中国顺差的致因同时也在于"余下国家"逆差的诱导,外贸失衡的原因具有"交叉性"。因此,要分析中国为什么呈现巨额顺差便不能不同时分析余下国家为什么保持巨额逆差,反之亦如是。为此,有必要将中国经常项目失衡的分析由局部转向总体,即纳入全球视域中进行综合考察。

一 人口年龄结构和贸易顺差:基于国别视角的进一步分析

部分中东国家、中国、德国、日本、俄罗斯和亚洲其他一些小型经济体的顺差与美国、英国、意大利和澳大利亚和部分中欧国家的逆差共同构成了一幅稳定的世界不平衡图景。称其为"稳定"的不平衡,依据在于:各经济体的外贸顺差和外贸逆差在近十年既未出现强烈反转,亦没有发生结构突变,基本都是沿着原有轨道、在强大惯性作用下向纵深发展。1996~2008 年短短的 12 年中,俄罗斯经常项目余额增长了 8 倍多,中国则一跃增长了 60 倍有余,接近4400 亿美元,一度成为西方逆差国诘责的主要对象(表 4-2)。作为全球最大的经常项目逆差国,美国有将近一半的赤字生成于亚洲,尤其是在中国和日本。

无独有偶,全球经济失衡加剧之时,亦是世界人口急剧转型之际。在过去半个多世纪中,世界人口增速趋缓,平均年增长率仅为1.7%,预计到 2050 年年底,世界人口增长率将由目前的 1.35% 下挫至 0.33%,人口增长率的下行趋势似乎已成定局。然而,这种趋势的地区差异尤其引人关注。诸如欧洲、大洋洲和北美洲的一些发达地区,在人口生育率上普遍低于亚洲和非洲等不发达地区。从国别上看,中国应被视为发展中国家的"共类别科",约 1.6% 的总和生育率使其较早告别了一般发展中国家所固有的人口粗放式,甚或是爆炸式增长模式；日本和美国被视为发达国家人口模式的二重极端，日本1.4%的总和生育率远不足以维持代际更替的平衡，人口出现负增长，后续劳动力不足；美国虽属发达国家，却仍然保持在一个较高的生育率水平上，有望在未来劳动力供给上彰显优势。如Becker和Barro（1988）所言，生育行为是个体在人口数量和人口质量间权衡的结果，世界人口出生率下降只是故事的一半，人均寿命的延长则构成了另一半，二者共同铸塑着当代人口转型的动态性特征（表4-3）。

表4-2　世界主要经济体经常项目余额情况

单位：10亿美元

经济体 ＼ 年份	1996	2000	2004	2007	2008
中国	7.2	20.5	68.7	371.8	440.0
德国	-14.0	-32.6	127.9	250.3	235.3
日本	65.7	119.6	172.1	210.9	157.1
美国	-124.8	-417.4	-625	-731.2	-673.3
俄罗斯	10.9	46.8	59.5	76.2	102.3
G7	-20	-333.7	-351.9	-416.1	-435.2
发达国家	21.1	-268.2	-213.8	-389.6	-464.9
新兴市场经济体	-70.3	90.8	226.1	633.4	714.4

资料来源：IMF, World Economic Outlook（2009）。

人口增长趋势的放缓和人均寿命的延长孕育着一个新时期的来临，全球性的人口老龄化不可避免。人口学家描绘了这样一幅图景：未来40年中，60岁以上人口将以2.4%的速度增长，80岁以上的人口将以3.4%的速度增长。到2050年，世界上65岁以上人口将占到总人口的16.2%，高于现有水平9个百分点；包括中国在内的发展中国家人口老龄化趋晚，但进程较快；日本以现有的高老年人口比重以及不断递增的老年人口有望成为世界上"最老的国家";非洲地区囿于落后的医疗卫生,人均预期寿命持续低迷,人口老龄化几无迹象(表4-3)。

表4-3　世界主要地区人口发展情况 (2009年)

地区/国别	总和生育率 (%)	平均预期寿命 (岁)	65岁以上 (%)	2050年65岁以上 (%)
世界	2.6	69	8	16.2
发达国家	1.7	77	16	26.1
发展中国家	2.7	67	6	14.7
非洲	4.8	55	3	6.9
北美洲	2.0	78	13	21.5
亚洲	2.3	69	7	17.5
欧洲	1.5	75	16	15.9
大洋洲	2.5	75	10	19.4
中国	1.6	73	8	23.7
日本	1.4	83	21	37.7
美国	2.1	78	12	21
德国	1.3	80	20	30.2

注:上述所说发展中国家不包括中国。

资料来源:American Population Reference Bureau, 2009 World Population Data Sheet; United Nations Population Division, World Population Prospects: The 2004 Revision。

　　某一时点上的人口年龄结构受制于各年龄段人口在基期的初始值、人口出生率、人均寿命等诸多因素。"二战"结束后,累积的生育意愿得到了释放,世界各国曾先后出现过"婴儿潮",[①] 幼儿人口数量急剧扩张,若干年后,这些婴儿进入中年,继而迈入老年,人口年龄结构在时间序列上渐次形成"金字塔形"、"橄榄形"和"倒金字塔形"。目前来看,"二战"以后的这些婴儿仍处于劳动年龄阶

———————

① Bloom 和 Canning (2005) 发现,"婴儿潮"出现二十几年后,幼儿成长为成年人,并进入生育期,衍生出一波"次婴儿潮",他们称之为"回荡效应"(Echo Effect)。

段，但很快会到达退休年龄，人口年龄结构也将完成由"金字塔形"向"倒金字塔形"的转变。① 综合考虑各种因素，笔者认为，未来十年中，非洲的人口抚养比将继续下降，亚洲、北美洲和大洋洲的劳动适龄人口仍将占较高比重；欧洲的非劳动人口会迅速上升，人口抚养比提高。

图 4-7 是笔者根据联合国人口司相关资料对未来全球各地区人口年龄结构进行的一个估算，具体地说，就是在 2000 年世界各地区人口年龄结构情况基础上，按照非洲 0~14 岁人口以 0.87% 的年平均增长率、15~59 岁以 2.00% 的年平均增长率、60 岁以上以 3.12% 的年平均增长率；亚洲 0~14 岁人口以 -0.29% 的年平均增长率、15~59 岁以 0.47% 的年平均增长率、60 岁以上以 2.70% 的年平均增长率；欧洲 0~14 岁人口以 -0.36% 的年平均增长率、15~59 岁以 -0.75% 的年平均增长率、60 岁以上以 0.90% 的年平均增长率；北美洲 0~14 岁人口以 0.23% 的年平均增长率、15~59 岁以 0.37% 的年平均增长率、60 岁以上以 1.67% 的年平均增长率；大洋洲 0~14 岁人口以 0.09% 的年平均增长率、15~59 岁以 0.65% 的年平均增长率、60 岁以上以 2.11% 的年平均增长率估算得到。

从总体上看，发展程度高的地区较早实现了人口转变，进入"低出生率、低死亡率、低自然增长率"时期。虽然中国不属于发达国家，但中国的人口抚养比为 39%，② 远低于世界 54% 的平均水平。其主要原因在于发达国家的人口转型基本上是市场选择自发作用的产物，是生育主体根据外部约束条件的变化调整生育意愿的结果，是一个渐进的过程。在欧洲一些国家，人口出生率从 30‰ 下降到更替水平，多数用了近 100 年时间；然而中国人口转型的现实图景有所

---

① 因为人口转型急剧，"橄榄形"人口年龄结构不明显，或者持续的时间很短。

② 《世界人口数据表》公布的这一数据与《2008 年中国统计年鉴》公布的数据稍有出入。

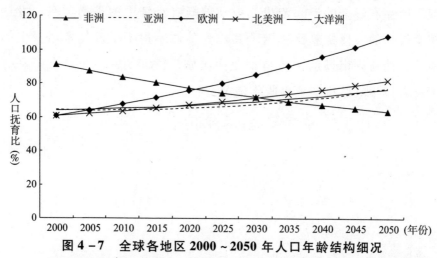

图 4 - 7　全球各地区 2000 ~ 2050 年人口年龄结构细况

资料来源：根据 United Nations Population Division, World Population Prospects: The 2002 and 2004 Revision 推算得到。由于联合国人口司在统计时将人口生命年限划分为 0 ~ 14 岁、15 ~ 59 岁和 60 岁以上三个区间，所以这里的人口抚养比是指 0 ~ 14 岁和 60 岁以上人口相对于 15 ~ 59 岁人口而言的。

不同，除了诱导性的市场引导外，还有强制性的制度安排，这促使中国完成人口转型大约只用了不到 30 年的时间。按照陈友华（2005）基于瑞典 1957 年生命表的分析，中国正在经历着"人口暴利"。[①]

　　作为串联生产和消费的人口，其变化必然会对宏观经济施以一定影响。储蓄方面，一些国家已经开始为即将发生的退休人口高峰期的到来进行大量准备，陷入"储蓄过剩"（Bernanke, 2005；Blanchard, 2007）；相形之下，以美国为代表的部分国家因后续劳动力充足，未来人口负担轻，消费发力。投资方面，在劳动力增长的缓慢，资本的高度深化，随人口老年化而来的对住房、人力资本投资需求的下降以及对社会创新能力的侵蚀等各种因素的相互叠加下，人口老化严重的国家投资诱导不足。一国储蓄和投资的不匹配，引

[①]　按照陈友华（2005）的分析，当人口总抚养比低于 44.0%，少儿抚养比低于 25.5%，老年抚养比低于 18.5% 时，即为该经济体正在享受"人口暴利"。

起了商品和资金的流入流出，搅动着既有经济中的平衡关系。发达国家较高的人口抚养比决定了其作为整体不得不呈现经常项目上的逆差，而新兴市场经济体特别是中国则反之，[①] 图4-8给出了部分国家人口年龄结构与贸易收支情况。

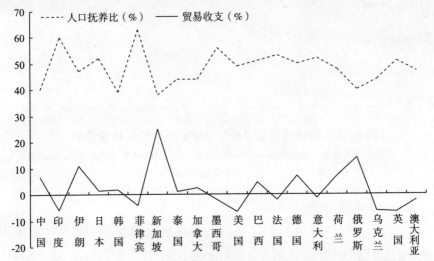

图4-8 部分国家人口抚养负担与贸易收支情况（2006年）

资料来源：根据《2008年国际统计年鉴》计算得到。其中，人口抚养比是指0～14岁和65岁以上人口之和占15～64岁人口的比重，贸易收支是一国净出口占GDP的比重。

人口抚养负担重的国家，其劳动适龄人口比重低，"生产性"动力不足，难以满足本国居民的消费需求；相反，人口抚养负担轻的国家，供给强劲，但"消费性"动力不足。开放经济条件下，这两类国家势必会通过国际借贷来平滑各自的消费路径，实现终身效用

---

① 日本似乎是一个例外，虽然其人口老龄化日趋严重，人口抚养负担急剧上升，但在贸易收支方面仍保持着顺差。其原因有三点：（1）不仅人口年龄结构、经济增长率、人均收入、文化背景、消费习惯等其他因素也会作用于储蓄，进而贸易收支，日本较高的人口抚养负担没有引起贸易收支逆差可能是其他因素所致；（2）"人口老龄化"一般是就一个较长时期而言，是反映经济体未来人口年龄结构发展的一种趋势，而"人口抚养比"一般指的是某个时点，一种可能的情况是，经济体目前的劳动适龄人口数量大，但大部分劳动力即将步入退休阶段，因此，这里的"人口老龄化"对应的是一个"低人口抚养比"；（3）日本虽然仍保持着贸易收支的顺差，但其总体规模是降低的。

的最大化。人口抚养负担轻的国家倾向于商品和服务的出超，在经常项目上表现为顺差，而人口负担重的国家则是商品和服务的入超，在经常项目上表现为逆差（Cooper，2008）。[①] 图4-9拟合了各国人口结构与经常项目间的关系，其表达式为 $y = -0.5748x + 36.252$，系数符号与理论预期相吻合，从而验证了人口抚养负担与经常项目之间的负相关关系。

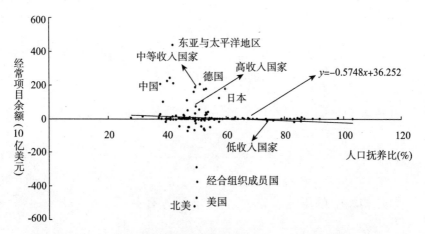

图4-9 人口结构与经常项目的拟合图（全球样本）

资料来源：世界银行数据库，http://data.worldbank.org/indicator。

二 人口年龄结构与外贸顺差：模型考察

（一）人口年龄结构

社会中有大量的典型个体，虽然从整个生命周期看，个体是同质的，但就某个时点而言，各个体却可能处于不同的生命周期，以至于经济体中不同年龄阶段的人口交织。若 t 期四个年龄段的人口分别为 N_t^e、N_t^a、N_t^m 和 N_t^r，则人口变化方程为：

---

① 现有文献一般将少儿人口负担与老年人口负担平行看待，事实上少儿人口与老年人口在"消费力"上极不相同，在消费结构也是有别的，前者主要是教育支出，后者则主要集中在医疗和保健方面。

$$N_{t+1}^e = (1+n)N_t^e - \omega_1 N_t^e = (1+n-\omega_1)N_t^e \qquad (4-1)$$

$$N_{t+1}^a = \omega_1 N_t^e + (1-\omega_2)N_t^a \qquad (4-2)$$

$$N_{t+1}^m = \omega_2 N_t^a + (1-\omega_3)N_t^m \qquad (4-3)$$

$$N_{t+1}^r = \omega_3 N_t^m + (1-\gamma)N_t^r \qquad (4-4)$$

社会人口抚养比为 φ，有：

$$\varphi_t = \frac{N_t^e + N_t^r}{N_t^a + N_t^m} \qquad (4-5)$$

$$\varphi_{t+1} = \frac{(1+n-\omega_1)N_t^e + \omega_3 N_t^m + (1-\gamma)N_t^r}{\omega_1 N_t^e + N_t^a + (1-\omega_3)N_t^m} \qquad (4-6)$$

若考虑一种稳态的人口年龄结构，即 $\varphi_t = \varphi_{t+1} = \varphi$，得：

$$\varphi = \frac{(n-\omega_1)N_t^e - \gamma N_t^r + \omega_3 N_t^m}{\omega_1 N_t^e - \omega_3 N_t^m} \qquad (4-7)$$

剔除初始值的影响，设 $N_t^e = N_t^m = N_t^r$，有：

$$\varphi = \frac{n - \omega_1 - \gamma + \omega_3}{\omega_1 - \omega_3} \qquad (4-8)$$

显然，$\dfrac{\partial \varphi}{\partial n} > 0$，$\dfrac{\partial \varphi}{\partial \gamma} < 0$，$\dfrac{\partial \varphi}{\partial \omega_2} = 0$，即人口出生率的提高和人口死亡率的下降都将提高社会中被抚养人口的比重，并且二者在这一关系上是线性的，完全可替代的。由于成年阶段和中年阶段都是劳动阶段，个体由前一个阶段步入后一个阶段不会影响到社会的人口抚养状况，即人口抚养比独立于 ω_2。对于代表性家庭的考察可视为一种纵向分析，其主旨在于研究个体在不同生命阶段的行为；而人口年龄结构则是一种横向分析，是特定时点上不同年龄阶段人口在时间上的展开。

（二）生产

生产函数服从哈罗德中性技术进步，即：

$$Y_t = (\sigma_t L_t)^\alpha K_t^{1-\alpha} \qquad (4-9)$$

资本的演进方程为：

$$K_{t+1} = I_t + (1-\delta) K_t \qquad (4-10)$$

劳动力移动方程为：

$$L_t = \sum \pi_t^i N_t^i = N_t^a + \varphi N_t^m, L_{t+1} = \omega_1 N_t^e + N_t^a + (1-\omega_3) N_t^m$$

$$(4-11)$$

资本和劳动力的报酬由各自的边际产出价值决定，即：

$$R_t = (1-\alpha)(K_t/\sigma_t L_t)^{-\alpha}, W_t = \alpha(K_t/\sigma_t L_t)^{1-\alpha} \qquad (4-12)$$

（三）　开放经济

世界由本国和外国构成，若忽略政府，则两类国家的生产技术和消费偏好相同，资本具有完全可流动性。根据国民收入恒等式，得到：

$$NX_t = Y_t - (C_t + I_t) \qquad (4-13)$$

$$NX_t^* = Y_t^* - (C_t^* + I_t^*) \qquad (4-14)$$

上标"$*$"表示外国的对应情况。

利用 Ferrero（2005）的做法，笔者将式（4-13）和式（4-14）中各变量用单位有效劳动加以标准化，并将两式相减得到：

$$nx_t - nx_t^* = y_{D,t} - c_{D,t} - i_{D,t} \qquad (4-15)$$

其中，其中 nx 表示对变量 nx 进行的标准化，$X_{D,t} = X_t - X_t^*$。

由于世界作为一个整体，其经常项目余额恒等于零，即 $NX_t + NX_t^* = 0$，所以有：

$$nx_t^* = -nx_t + 2\rho(L_t, L_t^*) \qquad (4-16)$$

在资本完全流动情况下 $R_t = R_t^*$ ，进一步得到：

$$k_t = k_t^*, y_t = y_t^* \tag{4-17}$$

由式（4-15）、式（4-16）和式（4-17），得到：

$$nx_t = -\frac{1}{2}(c_{D,t} + i_{D,t}) + \rho(L_t, L_t^*) \tag{4-18}$$

t 期本国居民的总消费为：

$$C_t = \tau^{\frac{1}{\theta}}[(1+n)(1-\omega_1)]^{-\frac{\varepsilon}{\theta}}(\Omega)^{-1}\psi N_t^e + (\Omega)^{-1}\psi N_t^a +$$

$$\beta^{\frac{1}{\theta}}(1+r_{t+1})^{\frac{1}{\theta}}(\Omega)^{-1}\psi N_t^m + \beta^{\frac{2}{\theta}}[(1+r_{t+1})(1+r_{t+2})]^{\frac{1}{\theta}}(\Omega)^{-1}\psi N_t^r \tag{4-19}$$

相应有：$c_t = \dfrac{C_t}{\sigma(N_t^a + \varphi N_t^m)}, c_t^* = \dfrac{C_t^*}{\sigma[(N_t^a)^* + \varphi(N_t^m)^*]}$

由式（4-10）、式（4-12），得到：

$$i_{D,t} = [(\omega_1^* - \omega_3^*) - (\omega_1 - \omega_3)]k_t + (\omega_1^* - \omega_3^*)i_t - (\omega_1 - \omega_3)i_t^* = 0$$

又因为 $(\omega_1^* - \omega_3^*)i_t - (\omega_1 - \omega_3)i_t^* \approx 0$ ，所以有：

$$i_{D,t} = [(\omega_1 - \omega_3) - (\omega_1^* - \omega_3^*)]k_t \tag{4-20}$$

结合式（4-18）、式（4-19）和式（4-20），得到：

$$nx_t = -\frac{1}{2}\left\{ \frac{C_t}{\sigma(N_t^a + \varphi N_t^m)} - \frac{C_t^*}{\sigma[(N_t^a)^* + \varphi(N_t^m)^*]} + \right.$$

$$\left. [(\omega_1 - \omega_3) - (\omega_1^* - \omega_3^*)]k_t \right\} + \rho(L_t, L_t^*) \tag{4-21}$$

式（4-21）即为经常项目余额的一般表达式，NX_t 由 $nx_t = \dfrac{1}{\sigma}$

$\left(\dfrac{1}{L_t} + \dfrac{1}{L_t^*}\right) NX_t$ 给定。至此便将经常项目余额表示成了人口变量的函数。

三　数值模拟

这部分内容笔者对参数进行赋值，通过考察参数值的变化对经常项目余额的影响，从而对相关结论获得一个直观意义上的支持。参数的赋值主要依据其理论意义和实际观察值，部分借鉴了Brooks（2003）和Ferrero（2005）的研究数据。参数值的设定尽管带有一定的主观性，但只要没有背离变量原始要义所界定的范围，那么些微的偏离便不会改变基本结论，各参数的赋值结果见表4－4。

表4－4　各参数的赋值情况

参数	经济含义	对应值	参数	经济含义	对应值
τ	利他主义系数	0.6	n	人口出生率	1.0%
ε	子女边际效用	0.5	θ	风险规避系数	2
γ	死亡率	6.7%	λ	子女时间损耗	0.1
φ	中年劳动供给	1.5	σ	有效劳动系数	20
$1/\omega_1$	幼儿期限长度	15	$1/\omega_2$	成年期限长度	20
$1/\omega_3$	中年期限长度	30	β	效用贴现率	1
r	利率	0	α	劳动产出系数	2/3
k	单位有效劳动资本	2000			

如前所述，一国的人口年龄结构是关于人口出生率、存活率等变量的函数，但直接赋予这些变量不同的数值仍然无法计算人口抚养比，因为现实中人口年龄结构还受到其初始值的影响。换言之，必须选择一个参照点，而这样会使计算显得异常繁杂。事实上，在本书所要研究的问题中，人口出生率、存活率、生命周期中各个期限的长度属于基础性变量，人口抚养比是一个中间传导性变量，经常项目余额是目标变量，既然现在已经明确了基础变量与中间变量

的既定关系，那么不妨跨越这一阶段，直接从人口年龄结构入手，通过对 t 期两类国家人口年龄结构赋予不同的数值，然后考察不同的赋值所带来的经常项目余额变化。[①]

倘若外国人口转型较早，老年人口所占比重较高，那么中国和外国的人口年龄结构细况不妨设为：$N_t^e = N_t^r = 600$，$N_t^a = 1200$，$N_t^m = 1600$；$(N_t^e)^* = (N_t^a)^* = (N_t^m)^* = 800$，$(N_t^r)^* = 1600$

利用式（4-21）得到：

$$c_t = 5.539,\ (c_t)^* = 9.860$$

若撇开人口因素带来的投资变化，即 $(\omega_1 - \omega_3) - (\omega_1^* - \omega_3^*) = 0$，则：

$$nx_t \approx 2.160$$

对中国和外国人口年龄结构进一步赋值，得到表4-5。

表4-5　人口年龄结构与经常项目余额的数值模拟

N_t^e	N_t^a	N_t^m	N_t^r	$(N_t^e)^*$	$(N_t^a)^*$	$(N_t^m)^*$	$(N_t^r)^*$	ξ	nx_t
400	1600	1500	500	800	800	800	1600	0.194	2.312
500	1500	1500	500		800	800	1600	0.222	2.257
600	1200	1600	600	800	800	800	1600	0.286	2.160
800	800	800	1600	1000	1000	1000	1000	1.500	-1.030
1000	1000	1000	1000	600	1200	1600	600	2.333	-1.131
800	800	800	1600	500	1500	1500	500	4.500	-2.257
800	800	800	1600	400	1600	1500	500	5.167	-2.312

其中，ξ 代表中国和外国的相对人口抚养比。表4-5折射出的

[①] 事实上，由于人口抚养比是人口出生率、存活率等变量的函数，所以由人口抚养比也可以反推这些基础性变量，从而将它们与经常项目余额串联起来。

信息是直观的，在中国和外国，受跨期替代的支配，低人口抚养比的国家（中国）表现出强劲的储蓄倾向，并借助经常项目的顺差加以实现。这里人口抚养比的高与低是一个相对概念，即使中国和外国的人口抚养比都处于低水平，顺差也只可能出现在更低的一国，而另一国仍然是逆差。一国人口年龄结构的偏高或偏低是各年龄段人口在时间上错置的结果，是人口在转型过程中，人口出生率和死亡率不同步，人口年龄结构在某一时期暂时的一种现象，是支付上出现错位的结果（陈友华，2005）。从一个完整的周期看，人口年龄结构必定是平衡的，一个时期人口年龄结构的偏高必然对应着以后某一阶段人口年龄结构的偏低。这暗示由人口年龄结构而生成的外贸顺差具备自发调整的机制。

由此可见，人口老龄化严重、人口抚养负担重的经济体，为应付未来的高额支出，其当下的储蓄动机较高，储蓄率攀升，经常项目盈余，诸如此类的例子有中国、日本和德国；相反，美国由于其灵活的移民政策和未来人口结构的相对平稳，人口抚养负担较轻，养老性储蓄动机不明显，消费发力。基于人口年龄结构角度看，一国储蓄率的或高或低，外贸收支的盈余或赤字，都只是特定阶段的一种暂时性现象，是人口结构高低变化的产物，是不同国家、不同代相互调配资源的结果，它使资源在更大的范围内、更长的时间里得到优化配置，是经济效率的一种体现，是互利共赢的。从长周期的视域来考察，人口年龄结构总是均衡的，一个时期适龄劳动人口比重居高所带来的"人口红利"必然意味着今后老年人口比重高悬所施予的"人口负债"。因此，一国不可能永久性地陷入顺差或逆差，人口结构的反转迟早将改变其国际收支地位。

四 全球经济失衡的可持续性

外部失衡所折射出的是国与国之间的债权债务关系，理论上一国在无限期界中的净债务应该等于零，为消除债务国所可能出现的"蓬齐博弈"，要求在趋于无穷的第 N 期，借款者的净资产现值为零，即"横截性条件"成立（袁朋，2012）。换言之，一国贸易收支若呈现逆差，则要求其在未来年份中的贸易盈余贴现值等于其外部负债。在信用经济下，这种约束的期限弹性提高了，当中国对美国保持外贸顺差时，中国只不过是从美国暂时性地获得了一张美元欠条，这种美元欠条代表了一种购买力承诺，即在未来可以用这些美元取得美国的商品和服务（希夫、唐斯，2008）。在当今美国经济持续增长、外界预期普遍乐观、强势美元王者归来的背景下，作为最大逆差国的美国，不会出现"挤兑"现象，全球债务危机发生的概率微乎其微，全球经济失衡是可维持的。①

但是，人口结构的变化、生产率的不平衡增长、全球分工体系的演变都在不断铸塑着各国已有的储蓄投资结构，并进而蔓延至外部经济，下面笔者将从人口结构的变化角度考察各国未来储蓄和经常项目的调整。人口学家绘制了这样一幅图景：21 世纪中叶，世界人口总数将达到 96 亿，人均预期寿命将由目前的 70 岁提高至 75岁，65 岁以上人口比重将达 16.2%，超出现有水平 9 个百分点，储蓄能力最强的 40~49 岁人口总数达 12.2 亿，消费能力最强的 20~29 岁人口数达 15.4 亿，高储蓄人群/高消费人群比率为 0.79%；到21 世纪末，世界人口总数将上扬至 101 亿，人均预期寿命提高至 81岁，65 岁以上人口比重将突破 24.7%，各国将历经由"婴儿潮"渐次向"人口红利""人口负债"转变的滚动周期。②

虽然，中国、日本、德国目前国内储蓄率较高，经常项目盈余

①　Hausman 和 Sturzengger（2005）提出的"暗物质"假说认为，由于美国存在大量未被统计的海外投资要素收益和美元铸币税等看不到的"暗物质"，所以美国根本就没有真正意义上的经常账户赤字，或者说只是"无泪的赤字"。

②　资料来源：American Population Reference Bureau，2009 World Population Data Sheet；United Nations Population Division，World Population Prospects：The 2006 Revision。

较大，但是其人口结构处于加速老化阶段。人口学家预测，2050 年日本 65 岁以上人口比重将达 37.7%，德国紧随其后，为 30.2%，中国为 23.7%。人口结构的变化必然对社会经济产生一系列影响，并重塑各国的贸易收支地位。首先，老年人口比重的上扬，将导致社会对医疗、保健、家庭服务的需求激增；其次，在一定的生产资料与技术条件下，老年人口比重上扬，劳动力供给不足可能导致部分生产资料闲置，影响社会经济活动的正常运转；再次，老年人口比重过高可能不利于知识的更新换代、新技术的推广和传播，从而对生产率造成负向冲击；最后，老年投资者偏好低风险的金融资产，使风险资产需求下降，进而对股权风险溢价补偿的要求上升，即股票估价下降（荀玉根，2010）。

第五章 人口流动、高储蓄与外贸顺差

本章着力阐述人口流动对中国经济内外失衡的影响。同新古典贸易理论有所不同，中国的劳动力市场并不是统一的，而是经历了一个由严格分割向局部统一转换的过程，人口流动成为塑造这一过程的核心。作为对原有固化式劳动力资源配置方式的一种颠覆，人口流动沟通了不同产业间、不同地域上劳动力资源的相互置换，提高了产出和收入，但囿于人口流动中风险的增加、风险规避体系的滞后、收入分配的不均匀，消费相对不足、储蓄过剩、出口猛增。另外，人口流动显示出特定的行业选择性，大量的农村转移劳动力进入出口导向部门，从事加工贸易，一度使加工贸易成为生成中国外贸顺差的主要方式。

第一节 人口流动的增长效应分析

一 人口流动与资源配置效率

一国的经济增长不仅取决于总的资源禀赋，而且与资源在空间上的布局、流动性强弱有着较大关联。比如有些资源本身是不可流动的或者其流动需要付出高昂的成本；有些资源本身虽然是可以流动的，但人为的制度安排却对此做了限制。前者在一定意义上属于某种"自然状态"，是受制于现有技术下的一种次优选择，多少带有不可避免的成分，随着新技术的发明，不可流动资源可能发生可流动性革命。但后者却是"看得见的手"带来的扭曲，是对自发的市场机制有效配置资源的一种破坏。科斯曾经用山洞的例子来说明自由市场能够有效配置资源，他说："一个新发现的山洞……是用于储藏银行账簿，还是作为天然气储存库，或种植蘑菇，并不取决于财产法，而取决于银行、天然气、公司和蘑菇企业哪一个能够付出最高费用以获得山洞使用权。"① 但现实世界并不是无摩擦的，完全自由选择的市场也从来就没有存在过，人口流动限制带来的市场分割远不满足科斯定理的适用前提，劳动力资源配置存在进一步改善的余地。

在人口流动方面，因为各种人为因素的渗入，打断了经济发展的自然进程，致使工业和农业分离为两个半封闭的独立运行系统。工业部门受资本深化的影响，劳动的边际生产率较高，农业部门中庞大的劳动力队伍和固定的土地数量，形成事实上的隐形失业，劳动力的无限供给进一步蕴含了劳动无限替代资本的可能，农业部门缺乏投资动力。由于劳动的边际生产率为零，② 农业部门显然不能遵循新古典理论中的边际原则确定劳动报酬，而只能共享有限产出，工资决定的边际生产力方程为道德倾向所替代。工业部门中，由于缺乏外来劳动者竞争，生产效率低下。

放松人口流动的限制后，在农村推力和城市拉力的双向驱使下，部分农业劳动力必然会流向工业部门，重拾劳动力自由流动之势。

---

① 科斯，2003，《社会成本问题的注释》，《现代制度经济学》（上卷），第38页。

② 农业部门边际劳动生产力为零的假说最早由刘易斯（1954）提出，其依据是传统农业部门中有着大量的剩余劳动力。但以舒尔茨为代表的"理性小农说"以1918～1919年印度的流行性感冒作为佐证，认为劳动力边际产品为零的情况是不存在的。对此，刘易斯指出，他所谓的劳动的边际生产力指的是"每个人的边际产品"而非"每人每小时的边际产品"。后来他又在《再论二元经济》一文中进一步写道："如果资本家欲以现行工资招收更多的劳动力，争求职位者会大大超过需求，劳动力供给曲线在现行工资水平下具有无限弹性，不必把'无限'弹性当成偶像来顶礼膜拜，对我们要达到的目的来说，弹性很大就足够了，我们的目的不是考察模型的机制，而是研究对于现代部门来说，其劳动力获得的可能性。"

先行国家的实践绘制了这样一幅图景：劳动力的流动激活了生产要素，催生了劳动力市场的发育，促进了劳动力在更加开放的条件下，在更大的区域范围内自由配置。农业中转移出的劳动力在剔除了流动成本后，收入仍然要高于流动前，随着家庭收入水平的上升，资金约束得以缓解，专业化的生产方式得到推行，并为农村土地集中、规模经济实现创造了条件。转移出的农民在"干中学"过程中，形成了不同于过去的生产方式的知识积累，并以回流、信息交流等方式对流出地农村生成智力反馈效应。[①]

二　人口流动与经济增长[②]

一批发展经济学家，如 Todaro（1969）、Stark 和 Wang（2002）、Kanbur 和 Rapoport（2005）、郭剑雄和李志俊（2009）担忧劳动力流出的选择性，会使一次又一次被筛选过的农村滞留劳动力难以成为农业发展的合格主体。笔者以为，中国目前劳动力流动对农业生产的负效应尚未显现，理由在于：（1）中国的农业仍属于传统农业，农业中的生产要素几乎是"农民世代使用的"，[③] 对农民的技能要求不高，滞留在农村中的劳动力完全可以胜任；（2）从劳动力转移方式看，"兼业型"和"专业型"并存，前者只是在农闲时从事一些非农产业，"专业型"劳动力虽移出家庭，但在农忙时可以通过雇用短工来应对，所以基本不会影响农业产出。一般来说，劳动力流动的负效应在农村剩余劳动力耗尽时才会凸显（刘易斯，1954），而目

---

① 潘晨光、娄伟将回流农村的智力反馈细分为：（1）刚性智力，即"回土又回乡"；（2）柔性智力，即"人回家不回"；（3）虚拟智力，即通过互联网等媒介产生的"智力回人不回"。见潘晨光、娄伟《中国农村智力回流问题研究》，《中国人口科学》2003 年第 5 期，第 60～65 页。

② 杨继军：《二元体制松动、预防性储蓄和中国的外贸顺差》，《国际贸易问题》2009 年第 7 期，第 118～123 页。

③ 舒尔茨，1987，《改造传统农业》，商务印书馆，第 4 页。

前中国尚未进入刘易斯拐点，农村中仍存在剩余劳动力。劳动力的流出在提高工业部门产量的同时，没有减少农业部门产出，[①] 人口流动带来的资源配置是一种帕累托改进，见图 5 - 1。

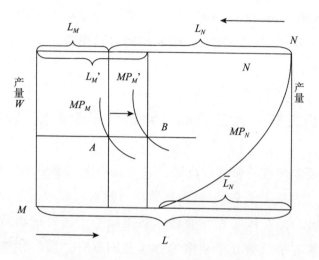

图 5 - 1　人口流动助推产出增长

资料来源：根据刘易斯（1954）、Rains 和 Fei（1961）的研究结论绘制得到。

在图 5 - 1 中，劳动力的总数为 L，L_M 为工业部门吸收的劳动力数量，L_N 为农业部门的实际就业量，$\bar{L}_N$ 为农业部门劳动力的最大有效投入量，MP_M 和 MP_N 分别为工业部门和农业部门劳动力的边际产出曲线，W 是工业部门以实物形式表示的工资。人口流动以前，工业部门按照"劳动力的边际产出等于工资"雇用 L_M 单位劳动力，剩余的 L_N 部分则被全部置于农业部门。由于农业部门实际需求仅为 $\bar{L}_N$，$L_N - \bar{L}_N$ 即为剩余劳动力，国家通过体制安排屏蔽了这部分劳动力流入工业部门的可能。随着国际产业转移，外来资本增加，工业部门劳动力的边际产出曲线由 MP_M 移至 $MP_M{}'$，工业部门对劳动力需

---

① 中国统计局江西农调队的一份调查表明：不同外出户在耕地复种指数方面基本相同，虽然随着外出人数增加，粮食单产水平有下降趋势，但非常缓慢，外出从业和耕地撂荒之间没有明显关联。参见国家统计局农村社会经济调查司，2005，《中国农村劳动力调研报告》，中国统计出版社，第 157 页。

求由 L_M 升至 L_M'。农业中的剩余劳动力流入工业，增加工业品生产，提高整个经济的总产出。世界银行（1997）估计，改革开放以来劳动力流动对中国经济增长率的贡献率约在 16%；王小鲁和夏小林（2000）预测，在 2001~2030 年，如果劳动力由农村向城市迁移的种种障碍能够被清除，劳动力在部门间转移可以每年为经济增长贡献 2~3 个百分点。

第二节　人口流动、储蓄高悬与外贸顺差

作为资源配置的帕累托改进，人口流动促成了中国的经济增长，提高了居民的收入水平。[①] 然而在劳动力转移过程中，出现了诸多新增风险，并与原有风险相互叠加，共同抑制了居民的消费意愿，居民储蓄存款几乎以独立于利率的方式急剧攀升，预防性储蓄倾向十分显著；[②] 其次，人口流动后，工业劳动力供给充裕，压低了劳动者的工资水平，企业也因此获取了高利润，政府则因为人口流动后税基的拓宽而增加了财政收入和储蓄。储蓄高悬，国内市场需求不足，必然要求国外市场加以弥补，表现为本国贸易收支的顺差。

一　人口流动、风险增加与消费不足

（一）流动人口消费情况

这里没有直接测算转移劳动者的消费情况，主要因为：（1）劳

[①] 事实上，增长的同时也带来了高储蓄。1978~1991 年，中国经济的平均增长率较低，居民储蓄率也仅维持在 13% 上下，从 1992 年开始，中国经济的平均增长率上升较快，储蓄率也亦步亦趋，由 1991 年的 13% 上升到 26% 左右，说明这两个变量间可能存在某种时间上的继起性。对此，世界银行（1997）也有过类似的看法。增长促成储蓄的机制在于：$s = S/Y = I/Y = K/Y = (\dot{K}/K) \cdot (K/Y) = \varphi g$，由于经济处于均衡增长的路径时，经济增长率等于资本增长率，所以国民储蓄率取决于经济增长率以及资本产出比例。

[②] 李扬和殷剑峰（2005）认为，劳动力转移的一个必要条件就是他们必须成为净储蓄者，否则他们将无法在新的环境中生存。

动力流动的选择性表明转移劳动力往往是家庭中的主要创收者，所以在考虑人口流动的风险对居民消费的影响时不仅要包括转移劳动者，还应涵盖家庭中的留守人员；（2）从现有的统计情况看，由于转移劳动者工作不稳定，流动频繁，所以现实中很难对他们的消费情况进行单独的统计和测算，历年的《中国统计年鉴》都是将转移劳动力的消费支出并入农村居民消费一栏中。因此，这里以农村居民消费情况代替转移劳动者的相应情况不仅具有合理性，而且具有可行性，表 5 - 1 对中国农村居民的消费情况进行了梳理。

表 5 - 1　中国农村居民消费情况

年份	平均消费倾向	时期	边际消费倾向 *
1978	0.869	—	—
1983	0.801	1978 ~ 1983 年	0.75
1988	0.875	1983 ~ 1988 年	0.971
1993	0.835	1988 ~ 1993 年	0.778
1998	0.736	1993 ~ 1998 年	0.662
2003	0.741	1998 ~ 2003 年	0.767
2007	0.779	2003 ~ 2007 年	0.844

资料来源：根据《中国统计年鉴》各年度数据计算得到，边际消费倾向 * 为人均消费增量与人均收入增量的比值。由于受全球金融危机的影响，这里没有列出 2008 年的数据。

从表 5 - 1 可以看出，中国农村居民的平均消费倾向不高，大约在 0.8，也就是说，农村居民收入中有 20% 的部分用于储蓄。改革开放初期由于生产力低下，居民收入不高，居民将其大部分收入都用于了消费，最近十几年，居民收入水平得到了一定的提高，但是其消费份额却相对缩小了。居民将大量可支配收入用于储蓄，将当期消费转化为未来消费，导致国内消费需求严滞后。储蓄过高，必然要求投资进行弥补，并对出口形成压力，投资过旺和出口过热总是结伴而行，这一点从中国的宏观经济形势可以得到较好佐证，

1982 年中国的投资率只有 31.9%，而 2007 年已升至 42.1%。虽然，扩大投资可以增加国内吸收，缓解当期的外贸顺差。然而，这些新增投资在以后会逐步释放产能，以更大的比例扩大产出，利用增加投资来缓解外贸顺差犹如抱薪救火。2003 ~ 2007 年中国国内消费对经济增长的贡献率平均只有 38%，而净出口对经济增长的贡献达14%，2008 年受全球性金融危机影响，内需有所上升。[①]

（二） 人口流动下的风险

在劳动力由农业向工业、由农村向城市转移过程中，工作性质以及生存环境发生了很大变化，其面对的风险增加了，具体表现为以下几点。

一是劳动力市场风险。转移劳动者从事的职业多集中于一些不稳定的、流动性高的部门，由于技能水平低，当经营不景气时，企业主或是选择辞退工人，或是降低工资而由工人决定自身去留。劳动和社会保障部的调查显示，农民工在一个单位稳定工作的比重只占到 20% ~ 30%。尽管被辞退的劳动者也可以再谋求其他工作，但工作搜寻本身是一个代价极高的过程，频繁的工作变换，最终可能迫使他们返乡务农。

二是人际关系网络风险。一方面，劳动者由农村流向城市后，生存环境和生活方式发生变化，以血缘关系为纽带的社会网络在空间上暂时性地被分割开来，形成"远水解不了近火"的局面，来自亲友的保障不复存在。另一方面，囿于语言、生活习惯以及文化程度上的差异，农民工很难向城市文明体系靠拢，基本被排斥在城市主流社会关系网络之外。在原有人际网络丧失、新的网络关系又尚未建立的情况下，转移劳动者所面临的风险可想而知。

---

① 2008 年当年消费对经济增长的贡献率提高到 46%，净出口对经济增长的贡献率下降到9.2%。

三是其他新增风险。从农业中转移出的这部分劳动者在城市中多从事的是一些风险程度高、劳动条件差的工作，特别是在建筑业、采矿业，劳动强度大，工伤事故频繁。此外，转移劳动者的工作时间长，许多农民工的身体处于亚健康状态，2006 年国家统计局发布的《城市农民工生活质量状况调查报告》显示，转移劳动者平均每周工作 6.29 天，平均每天工作 8.93 小时，劳动力资源遭受着掠夺性开采。

目前来看，转移劳动者所面临的这些风险还无法通过各种现有渠道进行化解，而只能由其自身来承担，理由如下：（1）从地方政府看，为了吸引外资，获取以 GDP 作为考核依据的政绩，它们往往对于企业的社会保障缺乏监管动力，而政府财政又难以在社会保障中独当一面，其结果是农民工被排斥在了社会保障体系之外；（2）从企业角度看，由于农民工多集中于一些低技术部门，这类企业多处于高度竞争的市场结构中，价格竞争空间较小，它们转而寻求成本竞争，如果完全按照国家社会保障办法，则可能因负担过重，丧失竞争优势，所以企业缺乏为农民工办理社会保障的激励；（3）从农民工自身层面看，由于流动频繁、社会保障基金在缴纳上的连续性和管理上的条块分割，他们意识到能够真正享受到社会保障体系带来的实惠有限，参保意愿不足。

（三）　人口流动下的风险抑制了居民消费[①]

LC - PIH 模式断言，在一个确定性的世界里，居民为了平滑一生的消费路径，往往会均匀地分配他们在各期的消费。但在人口流动背景下，转移劳动者的收入和支出带有随机性，未来的收入或多或少、额外支出或高或低。这种情况下，居民为了确保在收入低或其他额外支出较多时福利不至于恶化得过快，往往会在遵循 *LC -*

---

① 杨继军：《二元体制松动、预防性储蓄和中国的外贸顺差》，《国际贸易问题》2009 年第 7 期，第 118～123 页。

PIH 模式的同时，进行额外的储蓄，即所谓预防性储蓄，以备未来不时之需。[①] Dynan（1993）考察了不确定性条件下预防性储蓄对于居民跨期消费的影响，设消费者的效用函数为：

$$E_t(U) = E_t\left\{\sum_{s=t}^{T}\beta^{s-t}u(C_s)\right\}, U''(C_t) < 0 \text{ 且 } U'''(C_t) > 0 \quad (5-1)$$

根据 Euler 方程，可得：

$$U'(C_t) = \beta(1+r)E_t[U'(C_{t+1})] \quad (5-2)$$

其中，$E_t(\cdot)$ 表示基于 t 期所有信息（·）的期望值，T 表示死亡时间，β 表示时间偏好率，r 表示真实利率。按照 Dynan 的做法，将表达式 $E_t[U'(C_{t+1})]$ 用二阶泰勒公式展开，得到：

$$E_t[U'(C_{t+1})] = U'(C_t) + E[U''(C_{t+1})(C_{t+1} - C_t)] +$$
$$\frac{1}{2}E[U'''(C_{t+1})(C_{t+1} - C_t)^2] \quad (5-3)$$

把式（5-1）和式（5-2）代入式（5-3），化简得到：

$$E\left(\frac{C_{t+1} - C_t}{C_t}\right) = \frac{1}{\varepsilon}\left[1 - \frac{1}{\beta(1+r)}\right] + \frac{\rho}{2}E_t\left(\frac{C_{t+1} - C_t}{C_t}\right)^2 \quad (5-4)$$

其中，$\varepsilon = -\dfrac{C_t U''(C_t)}{U'(C_t)}$ 表示相对风险规避系数，$\rho = -\dfrac{C_t U'''(C_t)}{U''(C_t)}$ 表示相对谨慎系数。进一步有：

$$\left\{E\left(\frac{C_{t+1}-C_t}{C_t}\right)\right\}^2 - \frac{2}{\rho}E\left(\frac{C_{t+1}-C_t}{C_t}\right) + \frac{1}{(C_t)^2}Var(C_{t+1}) + \frac{2}{\varepsilon\rho}\left[1 - \frac{1}{\beta(1+r)}\right] = 0$$
$$(5-5)$$

[①] 凯恩斯经济学中提到的储蓄对利率的敏感性似乎并不适用于中国，央行曾于 1996 年 5 月至 1999 年 6 月连续七次下调存贷款利率，以促使一部分储蓄从银行中分流出来，转向其他投资领域，然而后来的事实证明，这一举措并未达到预期效果，与储蓄存款利率大幅度下调相比，银行储蓄存款的分流作用并不明显，甚至出现存款利率持续下降与储蓄存款大幅度增长的"悖论"。Blanchard（2006）指出中国高储蓄的部分原因是养老保险和医疗保险的缺失。

Var（·）表示（·）的方差，设 $\beta \geqslant \dfrac{1}{1+r}$，个人的最优化选择存在，得：

$$E\left(\frac{C_{t+1}-C_t}{C_t}\right)>0, 即\ E_t(C_{t+1})>C_t$$

这一不等式说明，当不确定性与居民效用函数的三阶导数为正并存时，居民会将消费急剧下降的风险与消费急剧上升的风险视为不对称，从而提高当期储蓄，这与消费者在确定性条件下做出的消费决策是有差异的。随着中国传统农业社会向现代工业社会的结构转型，农业劳动力向工业、城市的流入，居民面临的风险因素增多了。加之社会保障体系的不健全，居民对未来收入和支出的不确定性预期提高，引发消费不足，储蓄高悬，"有钱不敢花"成为一个不容争辩的事实。

事实上，预防性储蓄理论与基于风险条件的消费决策是一致的。根据 $V-N-M$ 效用函数理论，对于风险规避者而言，一项确定性收入带来的效用要高于同等数量的期望收入带来的效用，即人们对于不确定性收入的评价低，因此未来收入的不确定性通过跨期替代传递到本期，降低了当期消费。设流动人口存活二期，第一期的收入 Y_1 是确定的，第二期的收入 Y_2 因工作频繁变动、社会保障体系缺失等原因带有不确定性，但其概率分布是可知的。具体来说，获得高收入 $\tilde{Y}_2+\varphi$ 的概率为 P，获得低收入 $\tilde{Y}_2-\varphi$ 的概率为 $1-P$，$\varphi>0$，个体的效用函数 $U(C_t)=\ln C_t$，$t=1,2$。为说明未来收入的不确定性如何促使消费下挫，这里引入确定性等值（CE）概念，以确定性等值衡量的消费者的预算约束为：

$$C_1+CE(C_2)=Y_1+CE(Y_2) \tag{5-6}$$

根据跨期消费的最优化理论，当消费者处于最优路径时，其在二期的边际效用是相等的 $\left(\text{如果 } \beta = \dfrac{1}{1+r}\right)$。在对数效用函数的假定下，可以得出该消费者在二期的消费量是相等的，即 $C_1 = CE\ (C_2)$。进一步推出，消费者在第一期的储蓄为：

$$S_1 = \frac{1}{2}\left[\,Y_1 - CE(Y_2)\,\right] \qquad\qquad (5-7)$$

根据确定性等值的定义，有：

$$\ln\left[\,CE(Y_2)\,\right] = P \cdot \ln(Y_2 + \varphi) + (1-P) \cdot \ln(Y_2 - \varphi) \qquad (5-8)$$

得到：$\qquad\qquad CE(Y_2) = (\tilde{Y}_2 + \varphi)^P \cdot (\tilde{Y}_2 - \varphi)^{1-P} \qquad\qquad (5-9)$

由此得到不确定条件下第一期的储蓄为：

$$S_1 = \frac{1}{2}\left[\,Y_1 - (\tilde{Y}_2 + \varphi)^P \cdot (\tilde{Y}_2 - \varphi)^{1-P}\,\right] \qquad (5-10)$$

如果第二期的收入也是确定性的，且：

$$Y_2 = P \cdot (\tilde{Y}_2 + \varphi) + (1-P) \cdot (\tilde{Y}_2 - \varphi) = \tilde{Y}_2 + (2P-1)\varphi \qquad (5-11)$$

则确定性条件下第一期的储蓄为：

$$\bar{S}_1 = \frac{1}{2}\left[\,Y_1 - \tilde{Y}_2 - (2P-1)\varphi\,\right] \qquad\qquad (5-12)$$

预防性储蓄即为：$\qquad\qquad S^P = S_1 - \bar{S} \qquad\qquad (5-13)$

即：$S^P = \dfrac{1}{2}\left[\,\tilde{Y}_2 + (2P-1)\varphi - (\tilde{Y}_2 + \varphi)^P \cdot (\tilde{Y}_2 - \varphi)^{1-P}\,\right] > 0 \quad (5-14)$

二 人口流动下的企业和政府高储蓄分析

（一）企业和政府储蓄情况

李扬和殷剑峰（2007）的研究表明，中国居民的储蓄率尽管较高，但是总体上呈下行走势，相反，企业和政府的储蓄率呈上扬趋势。造成这一状况的原因可能多种多样，但是储蓄率的持续高悬，可能不是某些外生冲击所能够解释的，笔者认为，人口在由封闭走向流动的过程中，为民营企业和外资企业提供了廉价的劳动力，在低劳动力成本下，企业利润留存较大，储蓄较高。同时，人口的流动、劳动和资本的结合，创造了更多的生产与经营活动，拓宽了政府的税基，提高了政府的财政收入和储蓄。

这里运用资金流量表对中国企业部门和政府部门的储蓄情况做一些梳理，见图5-2。将资金流量表中的非金融部门和金融机构合并为企业部门，居民部门和政府部门的储蓄相当于其可支配收入扣除最终消费，由于企业部门不存在消费问题，可支配收入就是其储蓄，具体方法参照了Louis（2005a，2005b）、李扬和殷剑峰（2007）的研究。从中不难发现，1994~2003年中国企业储蓄率没有发生很大的变化，基本维持在15%左右，2004年以后却迅猛增长，上扬至22%。政府储蓄率基本在5%以上，平均为7%，近几年政府储蓄率上升较快，2007年达11%。

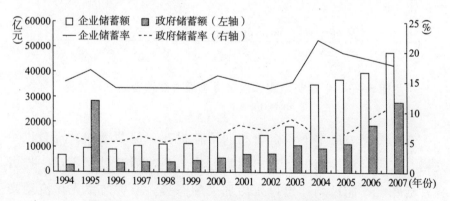

图5-2 中国企业部门和政府部门储蓄率情况

资料来源：根据各年度《中国统计年鉴》中的"资金流量表"计算得到。

（二）人口流动与企业储蓄

人口流动的限制取消后，在部门间工资差异的驱使下，农业劳动人口持续流向民营企业和外资企业，形成对城镇劳动力市场的

"无限供给"，在供求关系的支配下，企业在劳动力市场上处于强势，劳动者在分配中处于劣势，企业用工成本长期在低水平上运行，初次分配不断向资本要素倾斜。对此，笔者以行业工资总额占行业增加值的比重为例来加以说明，这样做可以规避物价水平的干扰，从而真实地反映企业的用工成本，在行业上笔者选择的是制造业，具体结果见图 5 - 3。可以看出，20 多年中，中国制造业工人工资总额占制造业增加值比重呈显著下降趋势，由前期的 19% 下降到 2012 年的 10.9%，远低于 40% 的世界平均水平，劳动者获得的报酬与其创造的产出极不匹配，收入分配结构畸形。

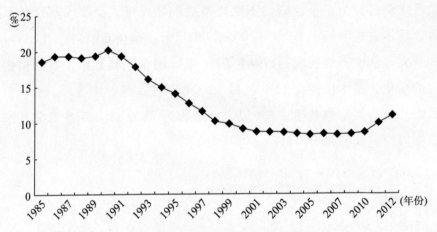

图 5 - 3 中国制造业工人工资总额占制造业增加值比重

资料来源：各年度的《中国统计年鉴》。

在低劳动力成本下，企业利润留存提高，储蓄增加，资金供给充裕。宏观经济层面上呈现出财富过度集中、消费显著不足、投资异常活跃、产能过剩和出口压力加大的态势。换言之，人口流动带来了社会成员收入水平的提高，但在结构上却是不均等的，表现为农民收入提高有限，而企业利润空间极大扩展，财富集中流向企业，高利润必然进一步诱发高投资，这虽然消化了当期储蓄，但只要国内消费问题没有得到根本性解决，内部市场未能及时撬动，投资生成的产能最终还得依赖出口。

（二）　人口流动与政府储蓄

2005 年中国政府储蓄占 GDP 的比重为 6%，[1] 远超出同期法国的 0.3%、印度的 1.5% 和美国的 -0.9%。政府部门储蓄率的上升，既是其储蓄倾向提高的结果，也与该部门在国民收入分配中的占比增加有关。笔者认为，人口的跨地区、跨行业流动，促进了私营企业和外商企业的发展，政府征税的对象拓宽了，在企业高利润背景下，政府的主要资金来源——生产税净额也一并提高，[2] 表 5-2 对此做了整理。可以看出，中国生产税净额占国民初次分配收入的比重在 1992 年只有 12.7%，此后呈趋势性上扬，2003 年达到 17.4%，在 2004 年出现短暂下降后重拾增势，2007 年维持在 17.2% 水平。

表 5-2　中国政府的生产税净额占国民初次分配收入的比重

年份	生产税净额占比（%）	年份	生产税净额占比（%）
1992	12.7	2000	16.4
1993	13.9	2001	17.8
1994	13.2	2002	16.8
1995	13.2	2003	17.4
1996	15.0	2004	14.6
1997	15.2	2005	15.9
1998	16.4	2006	16.3

---

[1]　周小川（2009）指出，中国的企业储蓄已经由 1992 年的 11.3% 提高到 2007 年的 22.9%，政府储蓄由 4.4% 提高到 8.1%。而这种储蓄的变化是和中国巨大的农村劳动力转移有关联的。

[2]　生产税净额是生产税与生产补贴的差额，其中前者是政府对生产单位从事生产、销售和经营活动以及因从事这些活动而使用某些生产要素所征收的各种税、附加费和规费；后者指政府对生产单位因某些特殊原因产生的亏损给予的补贴。

年份	生产税净额占比（%）	年份	生产税净额占比（%）
1999	17.0	2007	17.2

资料来源：各年度《中国统计年鉴》。

三 高储蓄背景下的外贸顺差

正确把握产出、消费（储蓄）、投资和出口的逻辑关系是成功解读人口流动背景下外贸顺差生成的关键。根据供求平衡原理，外贸顺差反映的是总产出与国内总吸收之间的缺口，人口流动后，总产出扩大，要求国内吸收随之增加，否则外贸顺差的膨胀就是不可避免的。现在产出已经增加，顺差亦已扩大，于是还可以自然地将其解读为国内吸收相对不足，问题是应该如何看待国内吸收？人口流动背景下吸收不足缘何而起？大部分学者将其归结为消费欠缺，或者投资不足，再或者是两者同时存在。显然，他们是将消费和投资等量齐观的，在"减顺差""压顺差"目标上，二者是可以一对一相互置换的。

笔者以为，从社会范围看，生产的最终目的在于满足人们的消费。投资作为一种迂回的生产手段，只是为人们在现期消费和未来消费之间的不同组合提供了可能，换言之，它由人们的消费模式决定。消费与其相比，更具基础性。如果初始状态时经常项目是平衡的，而以后某个时刻出现了失衡，那一定是既有的产出—消费模式遭到了破坏。研究人口流动背景下的外贸顺差，更应注重由此带来的产出—消费关系变化（或者储蓄变动），而不是任何其他关系。换言之，高储蓄与高顺差在某种意义上是等价的。[1]

---

[1] 杨继军：《二元体制松动、预防性储蓄和中国的外贸顺差》，《国际贸易问题》2009年第7期，第118~123页。

总储蓄中投资和出口的分配，笔者以为主要取决于这两种方式的收益率，其中，投资的收益率可以用"自然利率"来衡量，按照Wieksell（1959）的看法，自然利率是指"如果不使用货币，一切借贷以实物资本形态进行，在这种情况下的供求关系所决定的利率"，类似于Bohm-Bawerk的"物质边际生产率"和Keynes的"资本边际效率"，出口收益率用出口目标国的市场利率来衡量，如果前者高于后者，则投资不失为明智之举。当然，考虑到现实中的风险因素，投资人不会将所有储蓄全部以一种方式持有，而是分散地拥有它们，这也是现实中不会出现投资和出口非此即彼的原因。尽管从理论上看，过剩的产能仍然可以通过进一步的高投资来加以平抑，但投资的边际生产率是递减的。随着投资机会的耗竭，投资最终会变得无利可图。相比较而言，通过净出口以获取借贷利息则要稳定得多，因为面对整个世界市场而言，一国的出口产品多是富有供给弹性的，这确保了贸易条件不会出现恶化，或者至少不会恶化得过快。

第三节　人口流动、加工贸易与外贸顺差

一　中国在国际分工中的地位

改革开放后，中国主动与国际市场接轨，自觉融入全球分工体系中。立足于劳动力充裕、资本稀缺的现实要素禀赋，集中于服装、鞋帽、箱包以及花卉等劳动密集型产品的生产和出口。近十几年来，国际分工发生了变化，产品内分工成为国际分工的主导形式，劳动密集型环节的承接成为中国参与国际分工新的方式。在跨国公司全球网络体系下，从邻近的日本、韩国和中国台湾地区进口资本品、装备和高级零部件；从东南亚和澳大利亚进口初级产品和自然资源；同时利用中国香港和新加坡高效、便捷的金融法律服务为实体经济的运行提供支持；作为劳动力充裕型国家，中国主要对进口的初级

产品、零部件进行加工、组装和制造，最后将制成品出口到欧美等国（图5-4）。

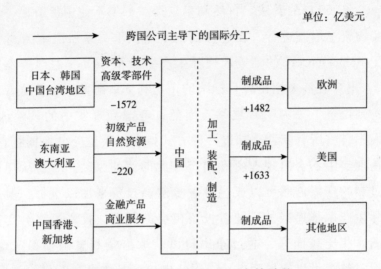

图5-4 中国在国际分工中的地位

注：根据余永定（2006）在亚欧论坛上的发言稿"全球失衡：中国的视角"整理得到，图中数据为2007年中国对各地区的货物贸易收支盈余情况，其中"+"和"-"代表"顺差"和"逆差"，数据来源为《2008年中国统计年鉴》。

在东亚地区的分工格局——雁阵模式中，中国处于产业梯度的最底端，随着发达国家将最后一道工序转移至中国，原材料、中间产品和最终产品的进出口方向势必发生改变，表现为中国对东南亚一些国家的逆差以及对欧美等国的顺差，而东南亚地区对美国的顺差规模缩减或增速放缓，可见，这实质上是国际产业转移而引致的贸易顺差转移。

二 人口流动促成了加工贸易

$H-O$模型暗含的一个假定是：要素不仅在国内各部门间自由流动，在国内各区域间亦如此，如果这一假定被打破，那么$H-O$模型所预示的商品贸易方向有可能发生逆转。在人口流动受到限制的情况下，大量剩余劳动力积压在农村，滞留于农业，劳动力不能与资本进行有效组合，潜在的优势得不到发挥，参与国际分工，融入全球经济也就无从谈起。人口的跨地区、跨行业流动，是对原有劳动力资源在行业和地区上的固化进行的一种矫正，它使劳动力优势由潜在转化为现实，外贸易形式由一般贸易拓展到加工贸易。

　　当然，加工贸易在中国的落地生根，除了国内的人口流动，也有其特殊的国际背景。20 世纪 90 年代后期，全球经济增长放缓，企业面临着降低成本、增强竞争优势的压力；WTO 的成立，为国际经济活动构建了新的行动框架和协调机制，跨国贸易和投资更为自由便利；随着计算机、互联网、移动电话等新通信方式的普及，通信成本对距离远近不再敏感；航运成本的下降使大宗货物运输变得可行。在上述宏观环境下，发达国家开始将产品生产中的某些区段转移至印度、菲律宾和中国等地，以便利用这些国家的区位优势，起到节约成本、增强竞争力的目的。

　　加工贸易在理论上的依据仍在于要素禀赋理论，[①] 假定生产中规模经济不变、完全竞争、劳动力在国与国之间不发生流动，但在国内各部门和产品生产的各环节上可以自由流动，并且：（1）世界上只有 A 和 B 两个国家，其中 A 的技能型劳动力充裕，B 的一般型劳动力充裕；（2）有产品 X 和 Y，X 的生产包括工序 Ⅰ 和工序 Ⅱ，Y 的生产只需要一种工序；（3）X 和 Y 的生产投入技能型劳动力（H）和一般型劳动力（L），且 $\dfrac{H_x^{\mathrm{I}}}{L_x^{\mathrm{I}}} > \dfrac{H_x}{L_x} > \dfrac{H_y}{L_y} > \dfrac{H_x^{\mathrm{II}}}{L_x^{\mathrm{II}}}$。由此，可以定义 X 产品的生产中工序 Ⅰ 属技能劳动力密集型，工序 Ⅱ 属一般劳动力密集

---

① 加工贸易与一般贸易的区别在于：前者是以产品生产中的某些区段、流程或环节作为基本的分工单位，而后者则是以产品的整个生产过程；加工贸易中表现出的国际资源置换更为直接，它意味着分工的深化和交易的拓展，而一般贸易是借助于商品来实现资源在国际上的优化配置，是一种迂回方式。二者的联系在于：它们都是劳动力、土地等要素在国与国之间弱流动下的一种次优选择，是各自遵循比较优势参与国际分工的结果，在一般贸易中，中国出口的是劳动密集型产品，在加工贸易中，中国出口的是附着在产品上的劳动密集型环节。

型，而产品 X 的要素密集度由工序 I 和工序 II 要素密集度的加权平均得到。如果在初始状态时，跨国界生产衍生出的信息交流成本、运输成本、商务旅行成本和保险成本（Jones 和 Kierzkowski 称之为"服务连接成本"）较高，以至于 X 产品生产中工序 I 和工序 II 在空间上分离是不经济的，那么工序 I 和工序 II 都将在 A 国完成，而 Y 的生产则在 B 国进行，即出现产业内分工情形。随着信息技术的发展，新的通信方式的涌现，因距离而产生的各种障碍逐渐弱化，工序在空间上的分离变得可行，在这种情形下，工序 I 仍然在 A 国进行，而 B 国将承接工序 II，[①]即出现产品内分工或者加工贸易情形。[②]

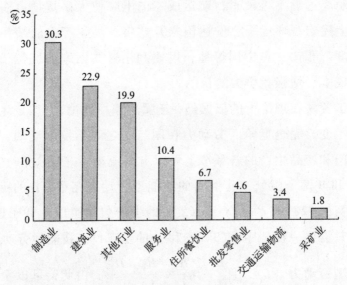

图 5-5　农村劳动力外出务工行业分布（%）

资料来源：国家统计局调研组，2006，《当前农民外出务工情况分析报告》，国务院政策室课题组《中国农民工调研报告》，第 104 页。

---

① 至于 Y 产品的生产地由下列原则确定：若 $\dfrac{H_x}{L_x} - \dfrac{H_y}{L_y} > \dfrac{H_y}{L_y} - \dfrac{H_x^{II}}{L_x^{II}}$，则 Y 由 B 国来生产，否则由 A 国来生产。

② 张如庆、杨继军、张二震：《长三角承接国际服务外包：理论分析与发展对策》，收录于张二震、马野青主编，2008，《贸易投资一体化与长三角开放战略的调整》，第 328 ~ 358 页。

人口流动对加工贸易的促成作用还可以从农村劳动力外出务工行业分布情况中得到证实。调查表明，2006 年外出务工的农村劳动力中有 30.3% 流向了制造业（图 5 - 5），而制造业恰恰是外商直接投资的重点行业，当年这一比重占到外商投资总额的 63.6%，而这其中有较大部分属于加工贸易，海关统计显示外商投资企业货物进出口总额占到中国全部货物进出口总额的 58.9%。

三　人口流动与外贸顺差：进一步的考察

从这样一种分工结构出发，中国对欧美的顺差以及对其他国家的逆差便不难得到一个可以把握的合理解释。人口流动的顺差形成机制在于：人口流动迎合了国际产业转移的要求，并与之形成一种双向联动，促成了加工贸易在中国的进行。而加工贸易是一定要产生增加值的，这些增加值便构成了外贸顺差的主要组成部分。2008 年加工贸易顺差占出口总额的 44%，即每 100 元的加工贸易就要产生 44 元左右的顺差。人口流动越充分、加工贸易越发达，外贸顺差越强劲。加工贸易事实上组建了以中国为加工和装配中心、以东亚为原材料和零部件供应方，以欧美为市场开拓方的完整产业链。在这一产业链中，中国更多的是在出口劳工、获取劳务费，至于生产资料的购置、产品的销售均由外商企业负责完成。由于加工后的产品是一定要出口的，所以它是出口导向型的。

不仅如此，在人口流动与国际产业转移的对接下，要素的相对报酬会发生变化，资源配置的出口导向凸显。笔者认为加工贸易可能会借助以下渠道引起国内资源配置和产出结构的变化：其一是技术进步；其二是资本内流。在传统观念中，加工贸易被斥为低技术、低利润的代名词，这是不符合实际的，加工贸易中不仅有简单的加工组装，也有关键零部件的制造，因此中国承接的加工贸易同样具有技术进步效应。就资本而言，按照奥地利学派代表人物 Bohm-

Bawerk（1890）的看法，它是一种用于生产其他产品的产品，本质上是一种迂回的生产手段，所以进口的原材料、零部件和中间产品也可以被归类为资本品范畴。中国进口上述产品，从事加工贸易，意味着资本存量的提高，下面借助于柯布—道格拉斯生产函数具体加以说明。[①]

经济可以被划分为出口（X）和进口竞争（M）两个部门，或者认为出口部门就是加工贸易部门，两个部门均以劳动力和资本作为投入，这两种要素不发生国际流动，资本是专用性的，劳动力可以在一国内部两个部门之间流动，各部门生产函数如下：

$$Y_i = A_i K_i^{\alpha} L_i^{1-\alpha}, \ i = X, M \qquad (5-15)$$

Y_i、A_i、K_i 和 L_i 分别表示 i 部门的产出、使用的生产技术、投入的资本数量和劳动力数量。由于人口流动后，劳动力在部门间是自由流动的，均衡时两个部门的工资是相等的，即：

$$W_X = W_M \qquad (5-16)$$

结合式（5-15）和式（5-16）得：

$$P A_X K_X^{\alpha} L_X^{-\alpha} = A_M K_M^{\alpha} L_M^{-\alpha} \qquad (5-17)$$

P 为出口品的相对价格，先不考虑资本的变化，对式（5-17）两边取对数并求导，得：

$$\hat{A}_X - \hat{A}_M = \alpha (\hat{L}_X - \hat{L}_M) \qquad (5-18)$$

利用 $L_T + L_N = L$，得到：

$$\hat{A}_X - \hat{A}_M = \alpha \frac{L}{L - L_X} \hat{L}_X \qquad (5-19)$$

---

① 杨继军：《生产率的结构性变动对我国外贸顺差的影响》，《国际贸易问题》2008 年第 12 期，第 10~15 页。

其中，$\hat{A}$ 表示变量 A 的增长率，其余类似。

令 $\hat{A}_X = g_X$，$\hat{A}_M = g_M$，$\hat{A}_X - \hat{A}_M = g$，且 $g > 0$，即出口部门技术进步得更快，从而得到：

$$\hat{L}_X = \frac{g}{\alpha}(1 - \lambda_{LX}), \hat{L}_M = -\frac{g}{\alpha}\lambda_{LM} \qquad (5-20)$$

其中 $\lambda_{LX} = \dfrac{L_X}{L}$ 和 $\lambda_{Lm} = \dfrac{L_m}{L}$ 表示出口部门和进口竞争部门使用的劳动力数量占劳动力供给总数的比例。由此得两个部门产出变化率分别为：

$$\hat{Y}_X = g_X + \frac{1-\alpha}{\alpha}(1 - \lambda_{LX})g \qquad (5-21)$$

$$\hat{Y}_M = g_M - \frac{1-\alpha}{\alpha}\lambda_{LM}g \qquad (5-22)$$

同样，若加工贸易部门的资本增长率为 η_X，进口竞争部门资本增长率为 η_M，且 $\eta_X - \eta_M = \eta$，$\eta > 0$，即加工贸易部门资本增长率更快，则有：

$$\hat{L}_X = \eta(1 - \lambda_{LX}), \hat{L}_M = -\eta(1 - \lambda_{LM}) \qquad (5-23)$$

$$\hat{Y}_X = \alpha\eta_X + \eta(1-\alpha)(1 - \lambda_{LX}), \hat{Y}_M = \alpha\eta_M - \eta(1-\alpha)(1 - \lambda_{LM})$$
$$(5-24)$$

由此可以得出如下结论：加工贸易的技术进步效应和资本流动效应促成了本国劳动力向加工贸易部门集中，本国出口部门的产出将扩张，进口竞争部门将相对萎缩。对式（4-24）的观察发现，出口部门产出增长的速度比本部门技术进步速度和资本拓展的速度要快，进口竞争部门则相反，此即 Jones（1965）所谓"放大效应（Magnification Effect）"。总之，人口流动与加工贸易之间的双向联动使得资源更多地偏向了加工贸易部门。如果整个市场是瓦尔拉斯均衡的，则这种偏向不会对外贸顺差施加过多影响。然而，现实中农村仍然存在剩余劳动力，加工贸易部门在吸收更多劳动力，带来出口部门扩张的同时，却可能并不减少国内进口部门的产量。在这种情况下，按照 $TB = X - M$，顺差就应该是增加的。此外，中国进口的部分商品是受到国外限制的，特别是在技术密集型产品上，这些或许可以理解为人口流动产生顺差的另一种机制。

第三节　人口流动、外贸顺差与加工贸易转型升级

本节基于 1985～2010 年的时间序列数据，从经验层次考察劳动力要素禀赋的嬗变是否促成了中国外贸发展方式的转型升级。其中的"外贸发展方式"笔者选择"出口商品结构"来代理，即劳动密集型的纺织产品、机电产品以及高新技术产品在总出口中的比重。由于改革开放初期的外贸发展规模极其有限，缺乏各类出口商品的完整统计，所以本研究选择的时间序列较短，这在一定程度上可能会影响到实证结果的可信度，随着今后外贸发展时序的延长，笔者将做进一步研究。

一　中国出口商品结构分析

在过去的 30 多年中，中国出口商品结构持续变化，各类商品的出口规模和比重呈现出显著的差异，在劳动密集型产品继续保持出口竞争力的同时，机电产品、高新技术产品出口迅猛。目前学术界对于出口商品结构的度量广泛采用 Hausman（2005）提出的"技术复杂度"指标（Technological Sophistication Index，TSI），这种深入到具体商品的分析无疑具有翔实、精确的优点，但它需要以高频率数据作为基础。COMTRADE 数据库虽然提供了 SITC 四位码分类数据，但是这种分类与国内使用的 HS 分类不同，二者之间亦没有一个可以衔接的方式。此外，COMTRADE 数据库中的数据目前仅更新到 2008 年，无法反映出口商品结构的最新变化趋势。

　　鉴于上述原因，本研究仍然将着力点置于总量层面，分别以
"纺织原料及纺织制品""机电产品""高新技术产品"出口比重的
变化透视中国整体的出口商品结构，虽然这种做法较为粗略，且忽
略了其他出口商品的信息，但是其优点也是显而易见的。第一，所
选取的产品类别在技术含量上存在显著差异，可以分别代理劳动密
集型、资本密集型与技术密集型产品出口的变化；第二，所选取的
产品类别涵盖的商品细目广泛，出口规模较大、比重较高，具有广
泛的覆盖面和代表性；第三，上述三类产品 1991～2010 年的出口数
据可以从《中国统计年鉴》和《海关统计》中直接采集，1985～
1990 年的相应数据则可以间接地通过其他方式推导得到，这些为开
展实证分析提供了很好的数据基础，三类产品出口的总量情况和相
对比重见图 5-6。

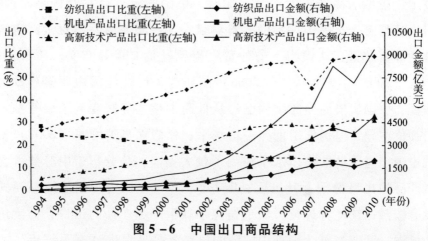

图 5-6　中国出口商品结构

　　注：表中数据来源于各年度的《中国统计年鉴》《海关统计》，其中纺织原料及纺织
产品对应 HS 分类中的第 11 大类 50～63 章的产品，机电产品和高新技术产品的分类来源
为中国海关《2004 年出口主要商品目录》，其中机电产品包括金属制品、机械设备、电器
及电子产品、运输工具、仪器仪表和其他项目，大致覆盖 HS 分类表中的 82～91；高新
技术产品主要包括生物技术、生命科学技术、光电技术、计算机与通信技术、电子技术、
计算机集成制造技术、材料技术、航空航天技术和其他技术。另外，高新技术产品与机电
产品存在重叠。

图 5 - 6 汇报了如下信息：自 20 世纪 90 年代以来，随着国内经济的持续快速发展，制造能力急剧扩张，外向型经济突飞猛进，各类产品出口总规模显著提高。然而，从相对的出口比重看，变化却不尽相同，纺织品比重趋减，由 1994 年的 28% 下降至 2010 年的 13%，机电产品和高新技术产品的出口比重增长较快，分别占到了 59% 和 31%，年均增长率分别为 5.2% 和 12.1%，出口商品结构正朝着高端化方向发展，这与樊纲等（2006）运用显示技术附加值赋值方法、姚洋和张晔（2008）运用"技术复杂度指数"分析方法得出的结论是一致的。

二 中国的出口商品结构与要素禀赋响应还是背离？

众多事实表明，中国的出口商品结构已经突破单一的外延式增长（extensive growth），类别涉及从劳动密集型的服装纺织品到资本、技术密集型的高新技术产品。那么，中国的出口商品结构是超前、滞后还是暗合了中国现实的要素禀赋？这一问题的答案对于制定科学的外贸政策、认识当下的外贸失衡无疑具有重要意义。Hausman 等人（2005）、樊纲等人（2006）的研究表明随着国内要素禀赋的演变，中国出口商品的结构已经从低附加值主导转变到了中等技术附加值主导，但仍低于世界平均水平；杜修立与王维国（2007）发现中国出口贸易的整体水平得到了较大提高，且分布于中等技术含量产品的出口份额上升迅速；Rodrik（2006）认为中国的贸易模式没有按照比较优势进行，而是偏向于高生产率产品的出口；杨汝岱和姚洋（2008）认为短期内中国的出口商品呈现出"有限赶超"的倾向，但长期内却是收敛于"比较优势"的。

下面利用 1985～2010 年的时间序列数据系统研究要素禀赋对中国出口商品结构的影响。其中，以纺织品（fz）、机电产品（jd）、高新技术产品（gx）的出口比重作为被解释变量，用来度量出口商品结构的变化。解释变量选取人均物质资本、人均科技资本、人力资本、人民币实际有效汇率以及政府的出口退税政策。为了消除异方差,除出口退税外,其余各变量均进行了对数化处理,具体见表5-3。可以发现,各变量序列都是一阶差分平稳的,具有同阶单整性,可以进行协整分析,模型的估算结果见表5-4。

表5-3 变量的描述性说明

变量名称 (对数形式)	缩写	度量方式	数据来源	最大值	最小值	平稳性
纺织品(%)	lnfz	纺织品出口比重	海关总署网站	3.46	2.53	I(1)
机电产品(%)	lnjd	机电产品出口比重	海关总署网站	4.08	1.82	I(1)
高新技术 产品(%)	lngx	高新产品出口比重	海关总署网站	3.45	0.94	I(1)
人均物质 资本(元)	lnak	物质资本/劳动力	王小鲁(2009)	10.23	7.79	I(1)
人均科技 资本(元)	lnakj	科技资本/劳动力	王小鲁(2009)	6.48	4.64	I(1)
人力资本(年)	ln$human$	人均受教育年限	王小鲁(2009)	2.16	1.84	I(1)
汇率	ln$reer$	实际有效汇率	IMF数据库	5.20	4.25	I(1)
出口退税	$etax$	以虚拟变量引入	商务部网站	1.00	0	I(1)

注:对1985~2007年人均物质资本、人均科技资本、人力资本的估算源于王小鲁、樊纲、刘鹏,2009,《中国经济增长方式转换盒增长可持续性》,《经济研究》第1期,2008~2010年是根据原有方法进行的推算,出口退税以"0""1"赋值,人力资本的单位为年。

表5-4 模型估算结果

模型 变量	纺织品(%)		机电产品(%)		高新技术产品(%)	
	模型1	模型2	模型1	模型2	模型1	模型2
lnak	-0.498 (-3.14)***	-0.577 (-7.65)***	1.523 (6.45)***	1.579 (7.19)***	1.612 (3.34)***	1.544 (7.286)***
lnakj	0.026 (0.16)	-0.974 (-6.88)***	-0.849 (-3.45)***	-0.120 (-0.29)	-0.739 (-1.47)	17.375 (8.783)***

模型 变量	纺织品（%）		机电产品（%）		高新技术产品（%）	
	模型 1	模型 2	模型 1	模型 2	模型 1	模型 2
ln*human*	0.433 (0.55)	−89.772 (−8.42)***	−0.859 (−0.73)	64.915 (2.09)**	1.198 (0.50)	32.939 (9.144)***
ln*reer*	−0.288 (−2.05)**	−0.375 (−5.61)***	−0.734 (−3.52)***	−0.671 (−3.45)***	0.043 (0.10)	0.115 (0.616)***
etax	0.018 (0.29)	−0.057 (−1.94)*	0.078 (0.88)	0.132 (1.55)	0.003 (0.02)	0.150 (1.867)*
(ln*human*)^2	—	24.311 (8.461)***	—	−17.727 (−2.12)**	—	—
ln*human*. ln*akj*	—	—	—	—	—	−7.669 (−4.859)***
S. E	0.079	0.037	0.117	0.108	0.239	0.104
F	78.969	309.993	153.456	150.874	66.667	302.769
DW	0.834	1.908	0.794	1.039	0.662	2.396
调整的 R^2	0.940	0.987	0.968	0.973	0.929	0.988

注："*""**""***"分别表示在 10%、5% 和 1% 的显著性水平下通过检验。

表 5 – 4 报告了如下信息：人均物质资本的提高，带来了出口商品结构的显著高端化，表现为人均资本提高 1 个百分点，纺织品出口比重下降 0.5 个百分点，机电产品与高新技术产品上升 1.5 个百分点。相比较而言，人均科技资本、人力资本对于出口商品结构的影响比较复杂，缺乏稳健性，且与其他变量之间存在"交互效用"，这与中国科技成果的生产转换能力弱、大学生就业难等现象是暗合的；出口退税与出品商品结构未显示出稳定的相关关系，其原因可能在于自 1985 年中国实施出口退税以来，政策更多透露出的是调整总量的意图，虽然 2005～2007 年政府下调了"二高一资"类产品的出口退税率，上浮了高新技术产品的出口退税率，显示出结构性调整的意象，但囿于 2008 年全球性金融危机给出口带来的压力，结构

性调整政策并未真正得以落实。

总之，中国的出口商品结构与要素禀赋的衍化是一致的，欲追求外贸发展的高端化，就必须重视高级生产要素的积累，亚洲四小龙已经标立了成功的"样板"。20 世纪 60 年代它们尚属劳动丰裕型经济体，在国际分工中基本处于劳动密集型工序，然而在"干中学""学中干""边干边学"过程中，以知识为核心的高级生产要素逐步得以积累，到了 20 世纪 90 年代要素禀赋发生重大变化，经济活动的重心也逐渐由低附加值的工序组装发展到高附加值的产品设计和营销，成功实现了外贸发展的升级。由此不难发现，一国的要素禀赋决定着其国际分工，而分工的深入和持续又在不断地重塑着既有的要素禀赋，改变着已有的分工结构。

三　中国外贸发展未来的选择

前文就中国要素禀赋与出口商品结构之间的关系进行了理论阐释与经验分析，下面就此做进一步延伸说明。核心问题涉及：中国外贸转型升级的福利效应是否完全取决于厂商攫取高端附加值，广大劳动者的充分就业是否也应该纳入其中？如果回答是肯定的话，双重目标约束之间是否会产生分歧？外贸发展的"升级"与"转型"是否完全一致？中国更适宜选择"升级"还是"转型"？目前针对刘易斯拐点的讨论能否构成转型升级的主要依据，二者之间是否存在必然联系？倒逼机制是否成立？

（一）中国的外贸发展需要转型吗？

目前，中国外贸发展备受诟病的焦点在于出口产品附加值低，贸易条件持续恶化，因此需要由低端向高端转型升级。显然，这种判断暗藏的逻辑是外贸发展方式属外生变量，是可以加以选择与控制的。笔者以为不然，比较优势理论一再告诫，一国的贸易模式是由其要素禀赋决定的，是内生的，即便当今世界存在资本与技术的高度流动，其流向也是与该国既有要素禀赋暗合的。不可否认，一国可以暂时性地选择有违其比较优势的"赶超战略"，人为提升部分产业的资本、技术密集度，进而改变进出口商品结构，但同时它也会拉低其他部门的资本密集度，所以整体性、长期性的贸易模式仍收敛于比较优势所确定的方向。从这一层面看，外贸发展方式转型升级的关键在于资源禀赋结构的提升，如果政府不顾历史条件的约束，强行提出过高的产业升级目标，其后果是企业在这惊险的一跃中可能摔得粉身碎骨（张其仔，2008）。

（二）外贸发展"转型"还是"升级"？

外贸发展"升级"的内涵在于出口产品由劳动密集型逐渐向资本、技术密集型转变，其本质是出口产品附加值的提高、高污染、高能耗、资源性产品出口的减少，"升级"是一个连续的、渐进的过程；外贸发展"转型"是就主导性出口产品而言的，即出口产品由劳动密集型占主导转变为资本、技术密集型占主导，其本质在于转变外贸的国民收益方式和格局、转变外贸的竞争方式、转变外贸的市场开拓方式，转变外贸的资源利用方式（裴长洪等，2011）。显然，"转型"是外贸发展中的突变，是跳跃式的，带有外贸发展转折点的意义，转折点前后外贸发展方式迥异。"转型"是"升级"无数次沉积的结果，但又不是其简单的叠加，它涵盖了较之于"升级"更丰富的内涵和更严格的最低临界条件。改革开放以来，中国的出口商品结构持续升级，比较优势嬗变，但现实的要素禀赋仍不足以支撑"转型"所要求的门槛，外贸发展方式的根本性改变仍需时日。

（三）刘易斯拐点的倒闭机制是否存在？

持"倒逼式"外贸转型观点的学者认为，刘易斯拐点临近后，农业劳动力的蓄水池逐渐干涸，无限供给一去不复返，劳动力工资上扬，企业用工成本增加，劳动密集型产品出口竞争力削弱，如何重构新的竞争优势成为企业亟待思考和解决的问题。面对发展的十字路口，一部分企业积极更新资本设备，引入先进生产要素，发展资本、技术密集型产业，而另一部分企业则可能就此被淘汰，并退出市场。因此，刘易斯拐点与外贸发展方式之间并不存在绝对的因果关系，现实中可能会呈现传统的比较优势丧失而新的比较优势尚未建立的图景，必须警惕"断档"可能给外贸发展所带来的负面效应。总之，中国目前劳动力市场的变化在一定程度上推动了中国外贸发展的高级化，但跳跃式的转型似乎为时尚早。即使是刘易斯第一拐点逼近，也并不意味着农村中不存在剩余劳动力了，较之于其他国家和地区而言，中国的劳动力优势在未来仍会持续。

（四） 就业与外贸发展方式的选择

产业升级意味着资本、技术密集度的提高，伴随而来的是产业对劳动力吸附能力的弱化，过快转变外贸增长方式，意味着劳动力要素将会更多地被资本、技术要素所替代（张二震，2010）。显然，这样做不符合中国的根本利益，因为中国的就业形势依然严峻，劳动力市场扑朔迷离，出口劳动密集型产品带动低技能劳动力就业仍不乏现实意义。因此既要从厂商利益出发去实现产业升级，也要站在广大农民立场去普及中低端制造业生产，在部分产业逐步向产业链中的高端位置攀升的同时，仍重视优势生产要素的利用（裴长洪，2011）。考虑到中国各地区发展阶段以及比较优势上的差异，可以通过地区间的产业转移和承接来延续劳动密集型优势（蔡昉，2009）。

按照目前农村剩余劳动力转移的速度，估计未来5~10年，中国可能会迎来刘易斯拐点，作为劳动力市场发展中的转折点，其影响无疑是深远的。刘易斯拐点的到来，意味着中国将告别劳动力的长期性剩余，劳动力短缺将成为经济生活中的常态，随之而来的可能是工资的上涨，物价水平的螺旋式上升以及人民币实际汇率的下降，贸易的规模、方向和结构无疑都会发生重大调整，贸易方式的转型将难以避免。至于转型的路径究竟是遵循简单的线性轨迹，还是线性与非线性、产业内与产业间的交叉进行，在演化过程中外贸发展的比较优势是否会出现"分岔"和"断档"，这些都是有待深入思考的问题。

第六章 人口因素影响经济失衡的经验证据

前文中已经在理论层面上探讨了人口年龄结构和人口流动对中国经济失衡的影响，但这种理论关系能否为经验所证实，尚待研究。李文星（2008）、钟水映和李魁（2009）等人从人口年龄结构对储蓄的影响方面做了诸多分析。人口因素作为经济的供给层面，从储蓄角度来对其进行解读，不乏意义。作为对前文规范分析的延伸和拓展，本章将从实证层面考察人口因素对中国外贸顺差的影响是否存在，若存在，那么这种影响是否显著。

第一节 变量的选取和数据来源

影响经常项目余额的因素很多，既有实体经济因素，如人口因素，也有虚拟经济因素，如人民币汇率，还有国际投资因素。虽然本书主要研究人口因素对中国外贸顺差的影响，但这只能是其中一个因素，在进行计量分析的过程中，还必须综合考虑其他因素，否则就会遗漏重要解释变量，造成估计量在小样本下有偏，大样本下不一致。根据已有的经济理论，笔者拟选择以下变量作为解释变量。

一 人口年龄结构

基于生命周期理论，个人在生命周期的早期和晚期都是净消费者，而在中年时属于净储蓄者，当整个社会中少儿人口和老年人口比重较低时，社会的抚养负担轻，总储蓄高。此时，如果另一国的社会抚养负担重的话，两国之间就可能形成借贷关系，即低抚养负担国家贷款给高抚养负担国家，表现为经常项目余额的顺差。因此，人口抚养比与经常项目余额之间是一种负相关关系。

人口抚养比的测算采用的是国际上通行的做法，即测算 0～14 岁人口与 65 岁以上人口之和占 15～64 岁人口的比重，简言之，就是测算一个适龄劳动力需要抚养多少个少儿或老人。关于各个年龄段的人口数据出自《中国统计年鉴》《中国人口统计年鉴》《中国劳动和就业统计年鉴》以及五次全国人口普查数据。

二 人口流动

人口流动后，劳动力在城乡、产业间的配置趋于市场化，农村剩余劳动力得以释放，制造业得以迅猛发展，加工贸易如火如荼，其中产生的劳务费、资源费、土地费等增加值形式是一定要生成顺差的，而农村中既存的剩余劳动力确保了农业产品不因为劳动力流出而减少，这从一般均衡视角肯定了中国外贸顺差在人口流动背景下的必然性。此外，由于社会保障体系的不完备，现有的保障体系不能够消除人口流动中所附带的风险，居民的预防性储蓄高悬，高增长不能为高消费所消化，多余的储蓄只能以顺差的形式为他国所吸收。因此理论上人口流动与外贸顺差之间存有一个正相关关系。

在人口流动的测算上，"流动人口"是指那些"现居住地不是户籍所在地"的人口，即"人户分离"的人口。本研究中的人口主要是就劳动人口而言的，考察人口流动更多的是从其经济效应入手，因此这里的人口流动事实上与劳动力转移较接近。陆学艺（2004）对劳动力转移的测算方法是：劳动力转移人数 =（城镇从业人员数 - 城镇职工人数）+（乡村从业人员数 - 农业就业人数），显然他将农村转移劳动力去向分解为城镇工业和农村非农产业两个部分，但一个典型化的事实是，乡村经济可能有助于吸纳部分农村剩余劳动力，但是其经济效应有限，与外部经济失衡关联不大，且收缩迹象明显。所以，本书实证研究中的劳动力转移仅考虑城镇转移一种形式。

在数据的采集上，笔者使用各年度数据，样本期为 1982～2008 年，数据来源为《中国统计年鉴》。这里存在一个问题，由于 1998 年实行了大范围的国企改革，职工下岗现象突出，所以 1998 年以后（包括 1998 年）的《中国统计年鉴》中城镇职工人数均指的是"城镇在岗职工人数"，这部分下岗职工同农村转移劳动力共同构成"城镇从业人员数"，因此这种情况下笔者再按照 1998 年以前的方法计算可能会高估劳动力转移数。笔者从统计数据中发现，1990～1997 年城镇职工人数十分稳定，均集中在 14500 万人左右，所以有理由认为 1998～2003 年的城镇职工人数（包括在岗和下岗）也应该与其相近，取 1990～1997 年的平均值 14685 万人，2003 年以后大规模的国企职工下岗终止，城镇职工人数平稳增加，所以 2004～2008 年的城镇职工人数等于 14685 万人加上本年度与上一年度的城镇在岗职工人数差。

三 人民币汇率

汇率刻画了不同货币之间兑换的比价，由于商品又是以货币来标价的，所以汇率间接地反映了不同国家或地区间商品的交换比例，并直接影响着一国的贸易条件。考虑到物价水平的差异，此处采用人民币实际汇率；考虑到贸易伙伴国在贸易规模上的差异，此处采用人民币有效汇率，结合上述两点，笔者最终采用人民币实际有效汇率。当人民币实际有效汇率上升时，表明本国商品相对价格下降，出口竞争力提高，贸易收支改善。人民币实际有效汇率的数据来源为 IMF 数据库。

四 外商直接投资

现有的研究表明，中国的外贸顺差中有相当一部分是外商直接投资所致，国际生产的网络化使中国成为生产链条上的一个环节，由于跨国公司内部贸易也纳入国际收支平衡表中，结果是中国的外贸顺差更倾向于在中国生成的外贸顺差而非中国居民的外贸顺差。按照小岛清对外商直接投资类型的划分，中国吸收的 *FDI* 就应该属于顺贸易导向的投资（Pro-trade Oriented Investment）。韩琪和赵雪（2008）认为，中国的巨额外贸顺差与跨国公司在中国的外商直接投资密不可分，在贸易互补效应、进口替代效应和顺差转移效应作用下，外商直接投资衍生出顺差倾向。*FDI* 数据来源于《中国统计年鉴》。

五 贸易收支

一般采用净出口来表示贸易收支，但随之而来的问题是，有些年份中国的贸易收支处于逆差状态，当对各变量取对数形式时，将无法实现。为此，笔者用出口/进口来替代，当这一比值大于 1 时，表明出口高于进口，是顺差，反之，则为逆差。但这种表征法存在一个问题，即两个经济体的出口/进口可能接近，但净出口可能相差很大，也就是说，取相对量以后，损失了一些信息。不过就笔者要研究的贸易收支来说，这种信息的缺损影响不大。有关进口和出口的数据来源为《中国统计年鉴》，各变量粗略的统计性质如表 6 - 1 所示。

表 6 - 1　原始变量的主要统计性质

变量名称	人口流动（万人）	外商直接投资（亿美元）	人口抚养比（%）	人民币实际有效汇率	贸易收支
变量缩写	*flow*	*FDI*	*dep*	*reer*	*surp*
1982 年	147	4.3	62.6	244	1.158

续表

变量名称	人口流动 （万人）	外商直接投资 （亿美元）	人口抚 养比（%）	人民币实际 有效汇率	贸易收支
2008 年	14502	923.9	37.3	107	1.262
均值	5692	315.3	48.1	116	1.065
中位数	4232	375.2	48.8	100	1.093
最大值	14502	923.9	62.6	245	1.309
最小值	147	4.3	37.3	70	0.643
观测变量	27	27	27	27	27

注：人民币实际有效汇率和贸易收支使用的是比值，无单位。

从表 6 - 1 大致可以捕捉到如下信息：改革开放以来，农村劳动力不断涌向城市，平均每年达 4232 万人；外商投资由 1982 年的 4.3 亿美元增加到 2008 年的 923.9 亿美元，年平均利用外资 315.3 亿美元，成为一个外资利用大国；劳动适龄人口不断上扬，人口抚养负担下降，人口抚养比由 1982 年的 62.6% 跌至 2008 年的 37.3%；人民币实际有效汇率变动不居，最高值为 245，而最低值只有 70，2008 年为 107，高出购买力平均水平 7 个百分点；出口占进口的比重平均为 1.065，最高值达 1.309，2008 年为 1.262。

第二节 基于时间序列的分析

前文内容分析了人口流动、人口年龄结构、人民币实际有效汇率、外商直接投资与贸易余额的关系，考虑异方差可能带来的有偏估计，笔者对相关变量做了对数处理，本文将计量模型设置为 6 - 1 形式，其中 β_i 表示有待估计的参数，按照理论预期，$\beta_1 > 0$，$\beta_2 < 0$，$\beta_3 > 0$，$\beta_4 > 0$。

$$\ln surp_t = \beta_0 + \beta_1 \ln flow_t + \beta_2 \ln dep_t + \beta_3 \ln reer_t + \beta_4 \ln FDI_t + \varepsilon_t \quad (6-1)$$

153

一 数据的平稳性分析

由于时间序列数据往往是不平稳的，对不平稳变量进行的回归分析可能导致伪回归，因此在对模型进行估计之前，首先需要对各个变量的时间序列及其差分序列进行平稳性检验，检验结果见表6-2。从检验结果看，取自然对数后的经常项目余额、人口流动数、人口抚养比、人民币实际有效汇率、外商直接投资额一阶差分变量的ADF统计值均小于5%水平下的麦金农临界值，所以拒绝变量$\Delta \ln surp$、$\Delta \ln flow$、$\Delta \ln dep$、$\Delta \ln reer$和$\Delta \ln FDI$具有一个单位根的零假设，即上述变量的原序列都是一阶差分平稳的，符合I（1），变量具有同阶单整性，可以进行协整分析。

表6-2 变量一阶差分的单位根检验结果（ADF方法）

变量	检验类型（C，N，K）	ADF值	临界值	是否平稳
$\Delta \ln surp$	（0，0，6）	-4.71	-2.67*	平稳
$\Delta \ln flow$	（C，0，6）	-5.56	-3.72*	平稳
$\Delta \ln dep$	（C，0，6）	-4.37	-3.72*	平稳
$\Delta \ln reer$	（0，0，6）	-2.74	-2.66*	平稳
$\Delta \ln FDI$	（0，0，6）	-2.71	-2.66*	平稳

注：（1）在检验类型中，C表示含截距项、N表示含趋势项、K表示滞后阶数，其中最佳滞后期主要是根据AIC和SC准则确定；（2）*表示1%的临界值。

二 变量间相互关系的协整检验

协整检验的基本思想是两个或两个以上非平稳的时间序列，若它们是同阶单整的，则变量之间的某种线形组合可能是平稳的，即变量之间存在着长期稳定的均衡关系。为了消除小样本条件下EG两步法估计参数的不足，Johansen（1991）提出了向量自回归模型，本书利用多变量Johansen极大似然估计法来检验，结果见表6-3。

表 6 - 3　Johansen 协整检验结果

零假设	特征值	迹检验	临界值（5%）
r ≤ 0	0.66	73.56*	55.25
r ≤ 1	0.60	46.77*	35.01
r ≤ 2	0.49	24.14	18.40
r ≤ 3	0.25	7.14	3.84

注：r 表示协整向量的个数，* 表示在 5% 的显著水平下拒绝原假设。

检验结果表明，每一个系统的变量之间均存在至少三个协整关系，说明贸易余额、人口流动、人口年龄结构、外商直接投资及人民币汇率在样本期内存在长期均衡关系，对第一个协整向量做正则化处理，得到对应的协整方程为：

$$lnsurp = 0.51lnflow - 4.67lndep + 0.73lnreer$$

$$(3.79)^* \quad (-4.12)^* \quad (3.63)^* \qquad (6-2)$$

其中，括号中数字表示各个系数的 t 统计值，* 表示在 1% 的显著性水平下拒绝系数为零的原假设。从式（6-2）可以看出，长期内相关变量之间的关系与理论预期相一致，且系数值在 1% 水平下通过检验。[①]

三　格兰杰因果关系检验

协整检验结果证明了 $\Delta lnsurp$、$\Delta lnflow$、$\Delta lndep$、$\Delta lnreer$ 和 $\Delta lnFDI$ 之间存在长期稳定的均衡关系，但这种均衡关系是否构成因果关系，还需进一步检验。本研究对此进行了 Granger 因果关系检

[①] 笔者在最初的模型设置中，选择了外商直接投资（FDI）作为解释变量，但在方程的拟合过程中，拟合优度不高，且系数通不过显著性水平检验。其原因在于人口流动与外商直接投资存有较高的正相关性，相关系数为 0.958。当笔者尝试将 FDI，而不是 flow 代入方程后，结果仍通不过检验，最终笔者舍去了 FDI，保留 flow。进行这样处理的另外一个原因在于人口流动较之外商直接投资属内部因素，更具基础性。

验，结果如表 6 – 4。Granger 因果关系检验结果表明：在 5% 的显著性水平下，人口流动、人口年龄结构以及人民币实际有效汇率都是贸易收支余额的 Granger 原因。联系到中国外贸顺差的现实，可以发现上述回归结果与中国经济的现实基本吻合。

表 6 – 4　*Granger* 因果关系检验结果

Null Hypothesis	Obs	F-Statistic	Probability
lnflow does not Granger Cause lnsurp	25	4. 714	0. 021
lnsurp does not Granger Cause lnflow		0. 519	0. 603
lndep does not Granger Cause lnsurp	25	4. 112	0. 032
lnsurp does not Granger Cause lndep		0. 969	0. 397
lnreer does not Granger Cause lnsurp	25	7. 446	0. 0038
lnsurp does not Granger Cause lnreer		0. 361	0. 702

从人口流动看，lnflow 的系数为 0.51，表明在控制了其他变量的情况下，劳动力由农村转移到城市的情况每增加 1%，出口额与进口额的比率将提高 0.51，即劳动力的转移过程中将伴随着贸易收支顺差的扩大。改革开放后，二元体制松动，劳动力出现流动迹象，但起初主要是一种"离土不离乡"的模式，农业中释放出的劳动力大多为乡镇企业所吸收，由于乡镇企业主要集中于国内低层次的生活必需品生产，出口导向性弱，无助于中国改善当时的外贸逆差（中国在 1978 ~ 1993 年多为逆差）。到了 1996 年以后，情况发生较大变化，乡镇企业式微，沿海地区加工贸易兴起，劳动力转移由"离土不离乡"的单一跨行业式流动转向"离土又离乡"的跨行业、跨地区式流动，而加工贸易的顺差式倾向也得到了显现，从 1997 年开始，中国在贸易收支上出现了最大的一次涨幅，贸易顺差达 3354亿元，出口额为同期进口额的 1.27 倍。

从人口年龄结构看，lndep 的系数为 – 4.67，表明在控制了其他变量的情况下，人口抚养比每降低 1 个百分点，外贸顺差将扩大

4.67个百分点，二者间的负相关关系与前文的理论预期相符。从中国的人口年龄结构看，一方面新中国成立初期的一波"婴儿潮"正处于中年工作期，使劳动适龄人口数量较高；另一方面，计划生育政策、生育行为变迁等引起的人口出生率下降，婴儿数量相对较少，这两种因素促成了中国的人口抚养比呈下行趋势。按照生命周期理论，一个劳动适龄人口比重高的国家因为储蓄人群扩大，必然将对应一个较高的储蓄率。此外，人的平均寿命的延长、工作年限的刚性，导致人的工作期相对于非工作期拉长了，总储蓄额也将随之扩大。在人口年龄结构引起的内需不足情况下，外需必将是一种很好的替代，何况一些人口转型较早的国家正经历着人口抚养比高悬、储蓄不足之痛，中国商品的出超不失为平衡储蓄投资缺口的一种较好方式。

四 向量误差修正模型（*VEC*）

格兰杰定理（1987）表明，一个协整系统可以等价地由误差修正模型（*VEC*）表示出。误差修正模型较好地将变量的水平值和差分值结合了起来，从而提供更为丰富的信息。同时，它又将被解释变量的波动分解为稳定的长期趋势和短期波动，当出现偏离时，在修正系数的作用下，将非均衡状态拉回均衡状态。误差修正模型的估计主要由 *EG* 两步法和从一般到特殊的两种建模方法，这里采用第一种方法。

第一步：进行协整回归，估计下面长期均衡关系式：

$$\ln surp_t = \beta_0 + \beta_1 \ln flow_t + \beta_2 \ln dep_t + \beta_3 \ln reer_t + \beta_4 \ln FDI_t + \varepsilon_t, \varepsilon_t \sim I(0)$$

$$(6-3)$$

因为变量间是协整的，所以通过普通最小二乘法（*OLS*）回归可以得到各个系数的一致估计量，根据前文回归方程的估计结果，得到：

$$\hat{\varepsilon}_t = \ln surp - 0.51\ln flow + 4.67\ln dep - 0.73\ln reer$$

第二步：估计误差修正模型。由于变量是协整的，所以长期均衡的残差可以用来估计误差修正模型，其形式如下：

$$\Delta \ln surp_t = \alpha_0 + \lambda_0 ECM_{t-1} + \sum_{i=1}^{n} \lambda_i \Delta \ln flow_{t-i} +$$

$$\sum_{i=1}^{n} \eta_i \Delta \ln dep_{t-i} + \sum_{i=1}^{n} \vartheta_i \Delta \ln reer_{t-i} + \xi_t \qquad (6-4)$$

其中，Δ 表示差分，ECM_{t-1} 表示误差修正项，λ 为修正速度系数，n 为滞后期数。$n = 2$ 的条件下估计动态模型得到：

$$\Delta \ln surp_t = -0.11 ECM_{t-1} - 0.16\Delta \ln surp_{t-1} - 0.51\Delta \ln surp_{t-2} + 0.29\Delta \ln dep_{t-1}$$

$$\quad (-2.96) \qquad (-0.73) \qquad (-2.33) \qquad (0.28)$$

$$- 0.41\Delta \ln dep_{t-2} + 0.29\Delta \ln reer_{t-1} + 0.56\Delta \ln reer_{t-2}$$

$$\quad (-0.42) \qquad (0.91) \qquad (1.26)$$

$$- 0.03\Delta \ln flow_{t-1} + 0.06\Delta \ln flow_{t-2} + 0.04$$

$$\quad (-0.23) \qquad (0.55) \qquad (0.85) \qquad\qquad (6-5)$$

括号中的数据表示各个变量的 t 统计值，误差修正项 $ECM_{t-1} =$ $\ln surp - 0.51\ln flow + 4.67\ln dep - 0.73\ln reer$。误差修正系数为 -0.11，符合反向修正原则，在 1% 显著性水平下通过检验，表明在短期内贸易收支可能会偏离它与人口流动、人口年龄结构和人民币汇率的长期均衡关系，但在纠正系数的作用下，偏离会缓慢衰减而趋向长期均衡。

五　脉冲响应

由于误差修正模型是过度参数化的，对于所估计的模型中的系数往往难以逐一加以解释。在实际应用中，我们往往不是要分析一个变量的变化对另一个变量的影响，而是分析一个变量受到冲击时对系统的动态影响，即脉冲响应（impulse response）分析，它能够衡量来自随机扰动项的一个标准差大小的冲击对内生变量当期值和未来值的影响。考虑一个 VAR（2）模型：

$$\begin{cases} x_t = a_{11}x_{t-1} + a_{12}x_{t-2} + a_{13}y_{t-1} + a_{14}y_{t-2} + u_{1t} \\ y_t = a_{21}x_{t-1} + a_{22}x_t - 2 + a_{23}y_{t-1} + a_{24}y_{t-2} + u_{2t} \end{cases} \tag{6-6}$$

模型中的搜集误差项成为新息（innovation），u_1 和 u_2 为白噪声序列，且二者不相关。从中可以发现，不仅当期的 x 值立即改变，而且还会通过当期的 x 值影响到变量 x 和 y 的未来值，脉冲响应函数刻画了这些轨迹，显示任意一个变量的扰动通过模型中所有其他变量，最终又反馈到自身的过程。[①]

图 6-1 给出了 1 个单位的人口流动对贸易收支产生的影响。由于系统内的变量都已经过对数变换，如果将外部冲击正规化为 1，那么其他变量受到冲击后的变化值就可以看成弹性。从图 6-1 可以看出，如果给当期人口流动 1 个单位的正冲击，贸易收支在前 3 期内将会表现为小幅度的反向变动，第 3 期以后逆转为同向变动，第 5 期达到最高点，其后开始回落，第 7 期后表现基本稳定。从置信区间看，人口流动对中国外贸顺差的影响具有统计显著性。当劳动力由农村转向城市后，在工作上会经历一个甄选和转换的过程才会趋于稳定，初始状态时收入有限，支出扩大，可能是负储蓄。随着工作年限的延长和技能水平的提高，收入开始增长，储蓄增加。当在城市中生活了一段较长的时间后，他们的收入和支出开始趋向于惯性化，在收支方面追求一个稳定的收入支出差。

从图 6-2 可以看出，如果当期给人口抚养比一个单位的正冲

---

① 孙敬水，2009，《中级计量经济学》，上海财经大学出版社，第 300 页。

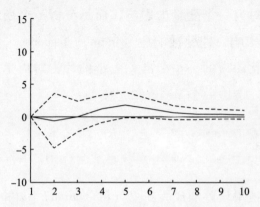

图 6 – 1　人口流动引起贸易收支的响应函数

击，在第 1 期和第 2 期中，贸易收支几乎不发生变化，在第 2 期后，贸易收支反向变动，第 3 期达到最大值，其后冲击效果逐渐淡化并趋于消失，说明人口抚养比对贸易收支的影响存在时间上的滞后，并且从整体表现上看，其对贸易收支的影响较为短暂，缺乏永久性。人口年龄结构对贸易收支的影响在时间上的滞后可能在于：实证中采用的人口抚养比是严格按照人口年龄划分的，而 15 岁和 65 岁是间断点。事实上，从生命周期理论看，年龄与储蓄行为应该是一个连续的关系，也就是说，即使个体由 14 岁进入了 15 岁，储蓄行为也并不会发生突变，可能的轨迹是负储蓄→零储蓄→缓慢的正储蓄，

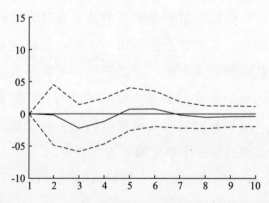

图 6 – 2　人口年龄结构引起贸易收支的响应函数

因此，即使人口年龄结构发生变动，储蓄也并不会立即大幅度增加或减少。

六　方差分解

方差分解的核心思想是对系统内每个内生变量的波动，按其成因分解为与方程信息相关联的多个部分，以便评价不同结果冲击的重要性。Sims（1980）首创了这种方法，并提出相对方差贡献率以判定第 j 个变量基于方差的冲击对 y_i 的方差相对贡献度来观测第 j 个变量对第 i 个变量的影响，即：

$$RVC_{j \to i}(\infty) = \frac{\sum_{q=0}^{\infty} (c_{ij}^{(q)})^2 \sigma_{jj}}{\text{var}(y_{it})} = \frac{\sum_{q=0}^{\infty} (c_{ij}^{(q)})^2 \sigma_{jj}}{\sum_{j-1}^{k} \{\sum_{q=0}^{\infty} (c_{ij}^{(q)})^2 \sigma_{jj}\}}, i,j = 1,2,\cdots,k$$

$$(6-7)$$

如果 $RVC_{j \to i}(s)$ 大，意味着第 j 个变量对第 i 个变量的影响大，反之则小。[1]

利用这一思想，本研究考察了各变量冲击对贸易收支的影响（图 6-3）。可以看出，在本研究所考察的贸易收支的各个影响因素中，人民币汇率的贡献率最大，最大值在第 6 期达到 17.9%，其余各期也均在 17% 以上（第 1~4 期除外）；从发展趋势看，人口年龄结构和人口流动对贸易收支的贡献率逐渐增加，单相因果关系有强化趋势。人口年龄结构对贸易收支的贡献率从第 3 期的 3.35% 增加到第 10 期的 4.78%，人口流动对贸易收支的贡献率从第 2 期的 0.93% 增加到第 10 期的 1.86%。

---

[1]　高铁梅，2006，《计量经济分析方法与建模》，清华大学出版社，第 270~271 页。

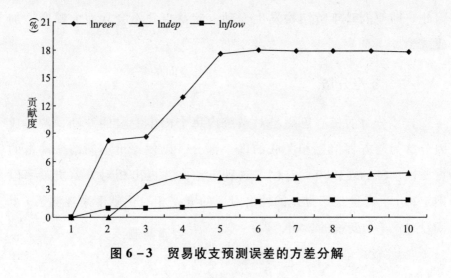

图 6 - 3   贸易收支预测误差的方差分解

第三节   基于动态面板数据的考察

考虑到面板数据在计量上的诸多优点，如控制个体的异质性、提供更多的信息、扩大样本容量、呈现动态调整过程等，本节利用中国各省级行政区数据，采用动态面板数据法，考察人口年龄结构和人口流动对贸易收支的影响。笔者希望弄清以各省级行政区数据构成的样本是否也存在前述关系以及这种关系是否有时间区间、地区结构上的差异。

一   动态面板数据模型的设定

（一）计量模型中的内生性问题

由于本研究采用的是宏观面板数据，在进行经验分析时，必须考虑其异方差和自相关问题。本研究对静态面板回归分别进行 Modi-fied Wald 检验和 Wooldridge 检验，结果分别为 $chi^2(30) = 347.74$（$Prob > chi^2 = 0.000$）和 $F(1, 29) = 49.36$（$Prob > F = 0.000$），表明静态面板回归模型确实存在异方差和自相关问题。此外，还需要考虑以下问题：（1）方程本身的联立性。储蓄受到居民收入增长、养老保险制度的影响，但反过来，储蓄亦可能导致经济的高速增长、居民收入水平的提高、养老保险制度覆盖面的扩大。"人口红利"和高储蓄都可能是经济高速增长的原因，这些将破坏解释变量的外生性假定。（2）测量误差。利用少儿人口抚养比和老年人口抚养比来代理人口年龄结构的做法，学术界有一定的争议。如 Kelley 和 Schmidt 认为，少儿人口抚养负担和老年人口抚养负担之间是高度相关的，将它们同时引入一个计量模型中，可能会造成严重的多重共线性。[①]（3）遗漏变量。在储蓄回归方程中可能会遗漏制度、文化和家庭结构等变量，这些影响将被归入误差项中。如果遗漏变量和其他解释变量之间存在相关性，则会导致估计系数的偏误，所以笔者在解释变量中还引入了储蓄率的滞后项。

对于动态面板数据而言，由于自变量的滞后因变量与各截面上的个体效应和误差项相关，面板 OLS 估计和随机效应估计都是有偏且非一致的。Anderson 和 Hsiao（1981）提出，利用一阶差分来消除个体效应的影响，即 $\Delta Y_{it} = \varphi \Delta Y_{i,t-1} + \Delta X_{it}\beta + \Delta \varepsilon_{it}$，但是转换后模型中滞后的自变量与误差项之间会存在负相关性，从而造成系数估计值较真实值下偏。Arellano 和 Bond（1991）利用 Monte Carlo 模拟发现，差分 GMM 估计相对于固定效应估计以及使用差分工具变量的估计，其自回归系数具有最小的偏误和方差。而在时间跨度 T 比较小时，变量的过去值对于其未来值只能传递较少的信息，以水平的滞后值作为工具变量，就会产生弱工具变量问题。为此，Blundell 和 Bond 建议在差分方程的基础上，增加水平方程，利用更多的矩条件，即系统 GMM 估计。系统 GMM 方法综合利用水平变化和差分变

---

① A. C. Kelley and R. M. Schmidt (1996): "Saving, Dependency and Development", *Journal of Population Economics*, Vol. 9, No. 4, pp. 365 – 386.

化的信息，其结果比 *OLS* 和固定效应模型得出的结果更为可信。

若因变量 *surp* 为 Y_{it}，自变量为 $X' = (\ln flow_{it}, \ln dep_{it}, \ln reer_{it})$，则笔者的模型将简化为：

$$Y_{it} = \varphi Y_{i,t-1} + X_{it}\beta + \tilde{\varepsilon}_{it} \qquad (6-8)$$

其中，$\tilde{\varepsilon}_{it} = V_i + \varepsilon_{it}$。

由于 Y_{it} 是 V_i 的函数，因此 $Y_{i,t-1}$ 也是 V_i 的函数，这样，解释变量中的 $Y_{i,t-1}$ 与 V_i 相关，$X' = (\ln flow_{it}, \ln dep_{it}, \ln reer_{it})$ 也与 V_i 相关，即 $Cov(X', v_i) \neq 0$，从而导致 *OLS* 估计量是有偏且非一致的（Mileva，2007）。为了解决上述问题，必须引入合适的工具变量，以解决普通面板回归难以解决的自相关和内生性问题，通过将弱外生变量的滞后项作为工具变量纳入估计方程，从而获得一致性估计。

Anderson 和 Hsiao（1981）提出用一阶差分来消除个体效应的影响，即 $\Delta Y_{it} = \varphi \Delta Y_{i,t-1} + \Delta X_{it}\beta + \Delta \varepsilon_{it}$。虽然消除了个体效应，但是一阶差分滞后项依然和残差项的一阶差分存在相关，为此 Arellano 和 Bond（1991）提出广义矩法（GMM），其中差分广义矩估计的基本思路在于：先对原方程进行差分，然后用一组滞后的解释变量作为差分方程中相应变量的解释变量，检验统计量在零假设下服从正态分布。[①]

二　动态面板模型估计结果

（一）整体估计

虽然系统 GMM 方法同时利用了差分方程和水平方程的信息，工具变量有效性会增强，但是考虑到变量之间的高度相关性，其有效识别将变得异常困难，这里笔者运用差分 GMM 估计法对式（6-8）

---

① 王志刚，2008，《面板数据模型及其在经济分析中的应用》，经济科学出版社，第 59~61 页。

进行估计，通过差分转换消除横截面个体效应，选择二步估计法估算系数，得到表 6 - 5。

表 6 - 5 中国各地区 1994 ~ 2008 年 GMM 估算结果

变量	系数	标准差	Z 统计量	伴随概率
surp（- 1）	0.301	0.014	21.76	0.000
ln$flow$（- 1）	0.775	0.208	3.73	0.000
ln$flow$（- 2）	- 0.998	0.146	- 6.84	0.000
ln$flow$（- 3）	0.259	0.181	1.44	0.151
lndep	- 0.915	0.456	- 2.01	0.045
ln$reer$	1.089	0.354	3.08	0.002
J 统计量	20.010	相伴概率	1.000	
AR（1）检验 = - 2.36（0.018）		AR（2）检验 = - 0.896（0.370）		

检验结果中的 J 统计量是汉森（1982）提出的，在零假设下：

$$J(\hat{\beta}_{EGMM}) = ng(\hat{\beta})'S^{-1}g(\hat{\beta}) \to \chi^2_{L-K}, \bar{g}(\hat{\beta}) = \frac{1}{n}\sum_{i=1}^{n}Z'_i(y_i - x_i\beta) = \frac{1}{n}Z'u$$

J 统计量是基于 GMM 目标函数值和矩条件约束个数的 Sargan 检验，该检验的零假设是过度识别的，约束是有效的，其分布为 $x(p - k)$，其中 k 是估计系数的个数，p 是工具变量的个数。Arellano-Bond 广义矩估计量要求残差的一阶差分项是一阶负相关，且没有二阶和更高阶的相关。表 6 - 5 中 Sargan 检验结果的 P 值表明，差分广义矩法估计所采用的工具变量表现良好，差分方程得到的残差服从 AR（1）过程，并且过度识别条件成立。

应该说，贸易收支各期之间的关联是复杂的，上一期对下一期的影响是多重的。从正向促进的一面看，表现为贸易伙伴国之间的相互依赖，即 A 国对 B 国市场的依赖以及 B 国对 A 国产品的依赖，这种依赖关系在短期内不会发生逆转，从而会保持某种程度上的承续性；另一方面看，一国对另一国的贸易顺差可能诱发某些不良反应，表现为贸易逆差国采取贸易保护主义措施，从而打破商品的正常贸易进程；此外，当进口国或出口国是"大国"情形时，贸易条件可能会发生改变，从而对贸易收支施加影响。从笔者所选取的样本看，贸易收支表现为一定程度的"自我强化"，从另一角度说明贸易保护主义并没有给中国正常的贸易往来带来颠覆性影响。人口流动、人口年龄结构和人民币汇率对贸易收支的影响符合预期方向，且在5%显著性水平下通过检验。其中，贸易收支的人民币汇率弹性最高，其次为人口年龄结构，最后是人口流动，这与笔者利用中国整体时间序列数据所得到的结果是吻合的。

（二） 不同子区间的估计结果

考虑到样本的规模、经济发展的周期性以及各个解释变量在时间上的差异性，笔者将样本期划分为两个阶段，第一阶段的时间区间为 1994～2000 年，第二阶段的时间区间为 2001～2008 年，通过对各个阶段分别做 *GMM* 回归，观察变量间的关系在时间上有何种差异和变化，实证结果见表 6-6。

表 6-6　分阶段 *GMM* 估算结果

变量	系数		标准差		Z 统计量		伴随概率	
	第一阶段	第二阶段	第一阶段	第二阶段	第一阶段	第二阶段	第一阶段	第二阶段
$surp(-1)$	-0.258	0.189	0.004	-0.258	-69.89	-69.89	0.000	0.000
ln*flow*	-1.242	0.724	0.040	-1.242	-30.96	-30.96	0.000	0.000
ln*dep*	-1.869	-1.129	0.214	-1.869	-8.73	-8.73	0.000	0.000
ln*reer*	2.392	1.477	0.137	2.392	17.52	17.52	0.000	0.000

一阶段 *J* 统计量 = 27.92（0.797）；二阶段 *J* 统计量 = 20.142（0.999）

两个阶段中各变量的系数均在 1% 显著性水平下通过检验，*Sargan* 检验的伴随概率分别为 0.797 和 0.999，说明采用的工具变量能够满足各随机扰动项不相关的要求。在第一阶段中，上一期的贸易顺差抑制了下一期的贸易盈余，究其原因可能在于这一时期的出口商品以服装、鞋帽、箱包等劳动密集型产品为主导，商品的技术含量低，竞价销售严重，导致出口商品价格走低，贸易条件恶化。随着中国出口制成品结构的技术系数提高，恶性竞争缓解，贸易条件恶化的趋势得到抑制，高出口数量低出口价值现象得以扭转。

从人口流动看，在第一阶段中，人口流动对贸易收支的影响与预期方向不符，人口流动不仅没有引起贸易收支的改善，而且使其恶化了。对此，笔者认为在第一阶段中，人口流动主要是流向乡镇企业，其生产的产品质量不高，主要供应农村市场，出口导向不明显，而其所使用的机器设备却可能是进口的，从而出现人口流动→乡镇企业发展→进口增加的局面。而 2000 年以后的人口流动主要是流向沿海的一些外资企业，集中于加工贸易行业，出口导向明显，尽管随着加工贸易，也会发生一部分进口，但其特殊的增加值贸易形式是注定要产生顺差的，所以在第二阶段中，人口流动对贸易收支的影响显著为正。

人口年龄结构对贸易收支的影响在两个阶段中都显著为负，符合理论预期。其中，少儿抚养负担下降引起顺差的原因在于：第一，在中国强调代际抚养的传统下，少儿抚养成本具有刚性，在被抚养少儿减少的情况下，原先的开支转化为储蓄；第二，少儿抚养负担的下降减轻了对家庭资源的占用，父母有更多的时间和精力用于工作，以增加收入（钟水映、李魁，2009）。单一地从老年人口比重看，其增加幅度十分有限，1994～2008 年，全国老年人口抚养比仅增加了 3.74 个百分点，即使是老龄化速度比较快的地区，如内蒙古、黑龙江、湖南和陕西也在 6% 以下。当然，老年人口对储蓄的影响不仅取决于老人负担本身，而且与预防性储蓄动机和强烈的"馈赠遗产动机"密切相关，现实中更多地表现为多种因素的聚合。

（二） 不同地区的估计结果

从回归结果看，变量在东部、中部和西部三个地区的系数符号和显著性出现四种情况的变化，说明人口因素在中国外贸顺差的形成中存在地区差异，实证结果见表 6 – 7。从中可以看出，在贸易收支一阶滞后变量的引入上，东部和中部地区系数符号为负，但未通过显著性检验，西部地区符号为正且通过显著性检验。说明西部地区的贸易收支存在一定的"惯性"，上一期的外贸收支与本期贸易收支之间相关性较强，这种关系在东部和中部地区则表现得不显著。究其原因在于，西部地区进口的主要是一些生产性的机器设备，进口缺乏弹性，出口则偏向于一些资源性产品，产业结构的"凝固化"造成了贸易模式的一成不变。而东部和中部地区的进口除生产性的机器设备外，还包括了一部分生活耐用品，这部分需求是弹性的，且随着地区产业结构的升级，贸易模式也在发生变化，出口产品的技术含量提高，结构优化，出口灵活性增强。

从人口流动与贸易收支的关系来看，东部、中部和西部地区均在 10% 显著性水平下通过检验，但东部和中部地区影响为正，西部地区影响为负。在对人口流动的度量上，笔者仅考虑了一个地区的劳动力流入，而这种流入既可能来源于本地区，也可能来源于其他地区，一个典型化的事实是：劳动力流动在地区之间服从梯度型转移模式，基本上由经济不发达的西部地区流入经济发达的东部地区，中部地区除部分劳动力流入东部外，就地转移也是其中一个重要渠道，由此引起的加工贸易和外贸顺差也就成为必然。相比较而言，流入西部地区的劳动力有限，而且在人力资本门槛、物流成本、基础设施等因素制约下，外商直接投资进入的情况较少，加工贸易不发达，人口流动主要限于城市中的服务业，人口流动没有引起贸易盈余。此外，从数量看，在东部地区人口流动对贸易收支的影响最大，这与笔者的直觉是吻合的。

从人口抚养比看，东部地区系数符号为负，且在5%显著性水平下通过检验，符合理论预期，中部地区系数符号为负，但显著性水平不高（10.7%），西部地区系数符号为负，但通不过显著性检验。中部地区的系数为负，其原因在于家庭式的养老保障模式和劳动力供给的内生性。由于笔者在讨论人口抚养比与贸易收支的关系时，一个重要的理论前提是个人生命周期理论，而这一理论关注的焦点是个人在不同生命阶段的储蓄行为，而事实上，完全以个人作为分析的基点可能存在问题，因为在同一个家庭中，个体之间的行为存在较高的相关性。当个人发现其家庭负担较重时，他可能会增加劳动供给以提高其收入，或者当其家庭负担较轻时，相应地减少劳动供给，其结果造成人口抚养负担和储蓄乃至贸易收支之间的关系失效。中部地区在地理位置上与东部地区相毗邻，这为其选择劳动力供给提供了便利。

表 6-7 分地区 GMM 估计结果

变量	系数			标准差		
	东部	中部	西部	东部	中部	西部
$surp$（-1）	-0.621	-0.345	0.679	0.505	0.247	0.071
$\ln flow$	4.301	0.658	-0.254	2.075	0.339	0.154
$\ln flow$（-1）	-2.956			1.473		
$\ln flow$（-2）	-1.541			1.075		
$\ln flow$（-3）	-0.403			0.146		
$\ln dep$	-7.957	0.818	-0.464	3.345	0.507	-0.464
$\ln reer$	-0.278	4.186	-0.417	0.228	1.259	-0.417
$\ln reer$（-1）		-2.713			0.695	
$\ln reer$（-2）		3.433			0.899	
$\ln reer$（-3）		-1.552			0.519	

变量	Z 统计量			伴随概率		
	东部	中部	西部	东部	中部	西部
surp（-1）	-1.23	-0.14	9.53	0.218	0.899	0.000
ln*flow*	2.08	1.94	-1.65	0.038	0.053	0.099
ln*flow*（-1）	-2.01			0.045		
ln*flow*（-2）	-1.43			0.152		
ln*flow*（-3）	-2.77			0.006		
ln*dep*	-2.27	1.61	-0.61	0.023	0.107	0.543
ln*reer*	1.22	3.32	-0.06	0.222	0.001	0.952
ln*reer*（-1）		-3.90			0.000	
ln*reer*（-2）		3.81			0.000	
ln*reer*（-3）		-2.99			0.003	
东部 *J* 统计量 =1.000		中部 *J* 统计量 =1.000		西部 *J* 统计量 =0.031		

　　地区实证结果表明，东部和中部地区较为接近，在这些地区各个变量之间的关系符合理论预期，且基本通过显著性检验。相比较而言，变量间的关系在西部地区表现得不甚明显，说明人口因素对中国外贸顺差的影响在各地区之间差别较大，不可一概而论。此外，由于三大地区在全国经济中的比重不同，其对总体经济施加的影响必然有所差异，特别是西部地区的进出口总量不高，外向型经济不发达，[①] 东部和中部地区在经济上的绝对优势使总体经济中各个变量间的关系更多地趋同于这些地区。

　　本章分别利用协整和面板数据方法考察了人口流动以及人口年

---

　① 笔者在对贸易收支的度量时，没有采用一般意义上的净出口，而是采用了出口/进口比率，它只能反映该地区的贸易盈余情况，不能反映绝对水平，这在一定程度上残损了一些信息，可以设想，如果采用净出口，则西部地区对总体经济施加的影响必然更趋于微弱。

龄结构对中国外贸顺差的影响，不仅证实了先前的判断，亦给出了相关变量间的数量关系，是对理论部分的一种深化。从笔者所选择的样本期看，人口抚养负担呈递减趋势，没有发现显著的阶段性特征，但从人口流动的行业去向看，阶段性特征较明显，所以进行了分阶段考察，以便提炼出其中的差别。此外，由于中国区域经济发展阶段的差异性，统一的方法可能无法体现地区差异，忽略很多重要的地区信息，有必要进行分地区考察。本章对于分阶段、分地区的实证结果分别进行了解释。

第七章 结论、建议和展望

前几章内容分别从理论和经验层次分析了人口因素对中国外贸顺差的影响，本章对此做一个简单的总结。为了突显研究的现实意义，笔者在政策层面上提出弱化人口干预、延长人口退休年龄、增加农民工工资以改善国民收入分配结构、加强农村社会保障以弱化预防性储蓄等举措来矫正外部失衡。最后，基于现有的人口年龄结构和人口流动状况，对其未来走势进行了展望。

第一节 主要结论

一 消费不足是外贸顺差的主因

从根本上看，中国长期外贸顺差的主要原因在于国内消费持续低迷，较低的消费率必然要求投资和出口加以弥补，以至于形成今日的高储蓄、高投资和高顺差格局，对此，国内一些学者也早有认识，并将此概括为内需不足。由于内需包括了国内消费和国内投资两个部分，笼统地一概而论，似乎有失严谨。事实上，中国的投资率一直是很高的，内需不足主要发自消费，而非投资。从逻辑上看，投资过旺或者出口猛增都是消费不足的一个必然结果，这里存在一个问题，即消费和出口主要针对的是最终产品，而投资则属于迂回的生产手段，它暂时性地吸纳了一部分资源，但在未来必将以更高的产能加以释放，供过于求的状况将会愈演愈烈。① 因此，投资拉动需求与消费、出口带动需求在性质上是不同的，在结果上也判然有别。

在国内消费未能及时启动的情况下，经济要想保持高速增长，就只能求助于投资和出口，中国恰恰是这种模式的一个样板。过去的 30 年中，政府一直视经济的高增加为解决所有社会问题的不二法门，认为只要经济在高速增长，一切问题都可以迎刃而解，政府似乎已经形成了对高速经济增长的成瘾性依赖（袁剑，2009），而高投资似乎已经成为这种模式得以维系的一种捷径。加上中国唯 GDP 式的政府绩效考核标准，上新项目、增加新投资、千方百计扩大出口成了地方官员寻求升迁的自然选择，短期目标和长期战略严重偏离，投资的收益越来越低，结构越来越趋于僵化和扭曲，经济增长的空间日益捉襟见肘。但全球经济的逆转和国内一系列问题的涌现，让这样一个梦想终究要成为一厢情愿，倒逼式的经济转型渐渐提上日程，2009 年中央经济工作会议已经明确将 2010 年的经济增长重点放在"促进发展方式转变上"，这意味着中国有望告别粗放式的片面追求高投资的经济发展模式。然而，投资的脚步一旦放缓，对消费和出口的依赖又将进一步强化。

诚然，在各国经济你中有我、我中有你相互融合的格局下，一国的内需和外需本无严格区别，出口和消费对于需求的拉动实无二异，已有的理论和发展实践也都不曾表明多大的外需份额会引起本国经济发展的不稳定。中国依赖于美国的市场，美国同样依赖于中国产品，但这种相互依赖的程度是不对称的，在规模化的工业生产技术已经成熟的时代，产品的供给已经不再成为瓶颈，消费不足日

---

① 中国欧盟商会的一份报告指出 2009 年中国六个行业的产能预计利用率问题：铝行业为 76%，风力发电业为 70%，炼钢业为 72%，水泥业为 78%，化工业为 80%，炼油业为 85%。2008 年年底，中国炼钢产能为 6.6 亿吨，需求仅为 4.7 亿吨，其差额相当于欧盟的总产出。详见《中国产能过剩堪忧》，《南方周末》2009 年 12 月 3 日。

益沦为经济发展中的短板，中国对美国市场的依赖远远高于美国对中国产品的需求，美国市场的任何波动和两国之间政治上的分歧，都可能导致外部市场的不确定性，从这个意义上看，主权国家的存在使外需和内需又呈现出显著的差异，至少在稳定性方面确是如此。

总之，中国经济外部失衡的症结在于内部失衡，在于国内消费上的不足和滞后，消费问题解决了，内需上去了，外部失衡将不攻自破。中国经济再平衡的出路在于培育消费热点，拓展消费空间，建设消费型社会，把扩大国内需求特别是消费需求作为基本立足点，促使经济增长由主要依靠投资和出口拉动，向消费与投资、内需与外需协调拉动转变。当然，主张扩大内需，并不意味着放弃外部市场，而是根据国际和国内形势的变化，充分有效利用好两个市场。

二　人口因素诱发了消费不足

撬动内需，释放国内消费潜力首先必须弄清中国消费不足、储蓄率高企的成因，从已有的研究看，这种成因无疑是多重的，是人口结构、工业化、城市化和经济增长共同叠加的结果。厘清这些因素与高储蓄之间的因果关系、助推机制，对于扩大内需，治理外部失衡具有重要意义。由于本书集中讨论人口因素，至于其他原因，已经超出了本书的内容范围，暂且存而未论。笔者主要是从人口年龄结构和人口流动两个方面展开研究的，借鉴 Brooks（2003）的思想，构造了一个四阶段人口生命周期模型来考察人口年龄结构对储蓄进而是贸易收支的影响；同时利用 Lewis（1954）、Rains 和 Fei（1961）等人的二元经济理论，对中国农村劳动力流动的贸易收支效应进行了阐析。从实证结果来看，无论是误差修正模型（VEC）还是面板数据法（Panel Data）都基本支持人口因素对外贸顺差的推动作用。

（一）　人口年龄结构与外贸顺差

横向上看，2007 年中国少儿人口、劳动适龄人口和老年人口的比重分别为 20.6%、71.4% 和 7.9%，同期世界这三类年龄组人口的平均比重为 27.7%、64.9% 和 7.5%，而美国则为 20.5%、67.1% 和 12.4%，日本为 13.7%、65.6% 和 20.8%，英国为 17.6%、66.1% 和 16.2%，德国为 14.0%、66.4% 和 19.6%，可见中国的劳动适龄人口比重远远高于世界其他国家。纵向来看，1964 年中国劳动适龄人口的比重为 55.8%，1982 年为 61.5%，1996 年为 67.2%，2008 年为 72.7%，劳动适龄人口比重呈现出鲜明的上升之势。根据笔者的判断，劳动适龄人口比重在未来一个较短的时间里仍会继续攀升，但这种上升的空间已经不大，在其达到顶峰以后，就会逆向而行，这也是先行国家在人口转型过程中所呈现出的较为一般性的规律。

根据生命周期理论，不同年龄阶段的人口在储蓄上的表现高低有别，就个人而言，劳动适龄阶段将是其生产期，他将在这一时期创造出终身的收入流，在满足当期的消费后，将其余的部分储蓄起来，以备日后所用。个体在少儿和老年阶段基本不创造任何财富，因此也就不会有收入，属于纯粹的消费者和负储蓄者。所以如果一国的劳动适龄人口比重越大，抚养负担就越轻，储蓄就必然越高；反之，则抚养负担越重，储蓄越低。如果撇开其他因素，人口抚养负担重的国家将倾向于向人口抚养负担轻的国家借款，以平滑代际消费，表现为贸易收支的逆差；而人口抚养负担轻的国家通过暂时性贷款以填补其未来在人口抚养负担重的时候对商品的需求，这表现为这一时期贸易收支的顺差（当然，这种关系是在控制了其他变量的前提下得出的）。

利用中国省级行政区数据，基于动态面板数据模型，得出如下结论：人口抚养负担的下降是中国外贸顺差的成因之一，Sargan 检验结果表明，差分广义矩法估计所采用的工具变量表现良好，并且过度识别条件成立。当把样本划分为 1994～2000 年和 2001～2008

年两个时间区间以后，人口年龄结构与贸易收支的关系在这两个阶段均表现为负相关，符合理论预期，但在第一个阶段中，人口年龄结构对贸易收支的影响更突出。分地区的研究结果表明，既有变量间的关系在东部和西部表现为负相关，在中部表现为正相关，从 Z 统计量来判断，中部和西部变量间的关系未能通过显著性检验，东部则在 5% 的显著性水平下通过检验，说明变量间的关系受地域影响较大。

（二） 人口流动与外贸顺差

借助于各种渠道，人口流动分别从居民、企业和政府三个角度提高了储蓄。其中：（1）居民提高储蓄的机理在于人口流动后，劳动力就业渠道拓宽，一些农民开始在工资差的诱导下，迈向城市寻找收入更高的工作，农村中的隐性失业减少，农民的收入水平提高。而与此同时，流动人口的风险也随着工作性质、生活社区的改变而增加了。问题在于中国现有的社会保障体系还无力消解这一过程中的风险，其结果是转移劳动力的收入和风险一并增加，在未来不确定的前景下，增加储蓄以应付可能发生的风险便成了自然选择。（2）企业提高储蓄的机理在于人口流动为企业提供了源源不断的劳动力，而劳动力在供给上的过剩为企业打压工资提供了可能，建立在低工资基础上的低成本成为企业利润扩张的重要原因，无论是长三角地区的私营企业，还是珠三角地区的加工贸易企业，无疑都在重复着同样的事实。（3）政府提高储蓄的机理在于人口流动后，企业的生产扩大，营业额增加，政府的税基随之上升，财政收入提高，而政府对流动人口的支出却是微不足道的。

三　正确看待人口流动基础上的加工贸易

一直以来，有观点认为加工贸易主要集中于一些低附加值环节，位于"微笑曲线"的中端，长此以往，可能会被"锁定"在这种分工模式中。在外部失衡的条件下，这种论调卷土重来，加工贸易成为替罪羊。笔者认为，追求产业的高级化是每一个国家和地区的目标，但究竟应该什么时候实行、以何种方式去实现尤为重要。在开放经济条件下，一国的产业结构取决于现实的要素禀赋，一味地追求经济结构的高级化，实行所谓的赶超战略，可能会欲速而不达。应该认识到劳动力比较优势仍然是中国外向型经济发展的支撑点，中国最大的优势仍然是无限供给的优质廉价的劳动力，要继续发挥比较优势，以自己现实的要素禀赋参与国际分工，这应该成为进行现实决策的一个基本判断。

我们主张按照现有的要素禀赋来参与国际分工，但绝不提倡将其凝固化。因为当提到一国（或地区）的要素禀赋时，总是指在某一时点上该国（或地区）各种要素的供给量之比，在一个动态的经济中，各种要素的供给数量是处在动态变化中的。亚洲四小龙在20世纪60年代属劳动充裕型国家（或地区），然而在"干中学""学中干""边干边学"的作用下，到90年代已经积累了大量的资金和技术，高级生产要素得到增加，要素禀赋发生重大变化，经济活动的重心也逐渐由低附加值的产品组装到高附加值的产品设计和营销，成功地实现了产业结构的升级。从中不难发现，一国（或地区）的要素禀赋决定了其国际分工，而这种分工的进行和持续又在不断地塑造着既有的要素禀赋，改变着已有的分工结构。也就是说，一国可以通过培养高级生产要素来提升其在国际分工中的地位。当然，这是有条件的、渐进的，是一个长期的过程。

加工贸易属低技能劳动密集型环节，劳动力吸纳能力强，对劳动者素质要求不高，中国现有的劳动力素质恰好与之相契合。继续发展加工贸易，可以扩大就业，带动人口的进一步流动，对于促进工业化、城市化不无意义。我们必须倍加珍惜本轮国际产业转移的机遇，主动融入全球分工体系，实现劳动与资本的融合。在全球金融危机肆虐，各国就业形势陡转直下，开工不足、失业严重的背景下，充分利用一切可能的外部条件，增加就业。

第二节 化解外贸收支顺差的政策建议

既然人口年龄结构和人口流动影响了中国的贸易收支，那么在政策层面上，是否可以做一番调整呢？就人口年龄结构而言，可以通过延长个体生命周期中的工作年限，弥合个体在各个生命阶段的收入消费缺口。就人口流动而言，目前来看，限制人口流动不宜成为缓解外部失衡理想的政策工具，其理由在于：中国农村中目前仍然有大量的过剩劳动力，如果限制其流动，可能会有助于减缓外部失衡，但硬性地将严重超出农业吸纳能力的劳动人口捆绑于该产业上，产业结构将进一步扭曲，隐性失业将会加剧，农民增收的渠道被堵塞，经济增长的速度将趋缓。笔者认为，在人口流动对外贸顺差的影响中，国内需求滞后是至关重要的一环，如果人口流动带来的消费能够与增长同步推进，那么也就不会出现贸易收支的扩大，而消费的低迷从来都不是自然秩序的一部分，而是制度缺位、制度扭曲的产物，是可以通过进一步的制度创新加以解决的。我们完全可以在推进人口流动的基础上，实现增长与就业并行不悖的发展，在增加农民工工资、加强流动人口社会保障的基础上，实现国内消费的提升和外部经济的平衡。

一 延长人口的退休年龄

从总体上看，一国的劳动适龄人口比重越大，其储蓄越高；从个体来看，劳动适龄阶段相对于少儿阶段、老年阶段越长，就说明居民可以在较长的时间里完成越少储蓄，储蓄率越低。显然，在支出稳定的情况下，如果居民的收入期限在一生中是均匀分布的，那么其在每一期的消费就等于其收入，储蓄和贸易收支余额均为零。

考虑到中国居民的收入大部分来自劳动报酬，收入期限的均匀化有赖于劳动期限的均匀化。中国目前的高储蓄和高顺差既有宏观层面上适龄劳动人口比重过高的成分，也不乏个体生产阶段过短的因素，因此，要降低储蓄率和愈演愈烈的外贸失衡，除了增加少儿人口比重外，还必须延长个体的劳动适龄阶段，弱化非生产期。当然，这里所说的延长退休年龄，不应该是针对现有老年人口，而是目前的劳动适龄人口，从而增加他们对未来收入的预期，减少当期的储蓄。也就是说，政策的实施将从未来的某个时刻开始。

中国现有法定退休年龄为：男 60 岁，女性干部 55 岁，一般女性职工 50 岁，这已经不能够适应中国在人口方面的诸多变化。[1] 随着居民受教育年限的增加，他们进入劳动力市场的年龄正变得越来越大，在退休年龄没有发生变化的情况下，居民的工作年限越来越短，老年阶段却越来越长了，为此，他们不得不在工作时期进行大量储蓄。延长退休年龄后，居民的工作年限将在现有基础上有所提高，储蓄的总需求不仅将随之下降，而且可以在更长的时间里来完成，单位时间里的储蓄压力减弱了。此外，延长退休年龄，也增加了人力资本投资的收益期，确保了人力资本的充分利用。

最后，中国人均寿命已经大幅度提高，个体的生命活动特征也呈现出鲜明的变化，如果再延续对"老年人口"概念的传统界定，而不变更退休年龄，势必不能反映这种变化，也不能消弭由此带来的压力。由于个体在老年阶段时，器官机能逐渐弱化，医疗需求压力陡增，人均寿命越长，其支出就越大，在劳动适龄阶段对储蓄的需求就越高。因此，必须根据变化了的个体生命活动情况，重新定

---

① 人力资源和社会保障部社会保障研究所所长何平透露：相关部门正在酝酿条件，延长法定退休年龄，有可能女性职工从 2010 年开始，男性职工从 2015 年开始，采取"小步渐进"的方式，每 3 年延迟 1 岁，逐步将法定退休年龄提高到 65 岁。详见《新京报》2008 年 11 月 6 日。

义人口的各个年龄段，并将这种定义由显现符号上升到政策层面，这既是人口规律自身的需要，也是经济社会发展的现实需要；既有利于中国应付人口老龄化带来的挑战，也有利于调节储蓄，平衡外贸收支。[①]

二　增加农民工工资，改善国民收入分配结构

人口流动的根本动因在于工资差别，农村转移劳动力从事非农产业所获得的收入要高于其在农业部门的收入，但相对于城市居民的收入，相对于整个国民经济的发展速度来说，还是远远不够的，其创造的价值一部分在初次分配中为企业所攫取，成为企业利润留存的重要来源；[②] 一部分在再分配中被政府以税收的形式所征收，成为政府储蓄的一大来源。企业在高利润驱使下，不断扩张投资规模；工资水平偏低，导致居民收入在国民总收入中所占到的比重小，居民有支付能力的消费意愿不足，从而最终造成国内产能和国内消费之间的缺口，需要借助外部市场加以消化。

由于中国劳动力市场的分割性特征，用工单位在工资的决定中起着关键性的作用，它们利用自己的买方地位压低工资，使工资低于劳动力的边际产出价值。对于这样一个已经扭曲的市场，完全的市场调节将是无效率的，政府应该通过立法手段，对用工制度、小时最低工资等进行有效干预，农民工也应该增强自身的组织性，借助行业性工会进行集体谈判，以便提高待遇，使劳动力价格回归其价值，使劳动报酬占 GDP 的比重提高到 50%，国内消费率提升至

---

① 有观点认为延长退休年龄会挤压青年人的就业空间，给就业市场带来冲击。但随着人口老龄化，就业市场也在发生深刻变化，其留给青年人的就业机会越来越多。

② 余甫功认为，中国国民收入分配格局存在着明显的"三个集中"的趋向：一是从社会和政府角度看，国民收入不断向政府集中；二是从劳方和资方角度看，国民收入分配不断向企业集中；三是从普通行业和垄断行业角度看，国民收入不断向垄断行业集中。详见余甫功《调整收入分配：调结构的首要任务》，《南方日报》2010 年 3 月 8 日。

55%～60%，农民能够充分享受经济发展的成果，做到在劳动力转移过程中，居民的消费和生产的扩张同步进行。[①]

三 加强农村社会保障，弱化预防性储蓄

由于在人口流动过程中，出现了许多新的风险，这些风险与原有风险相互叠加，共同抑制了农村居民的消费意愿。更关键的问题还在于农民工是一个介于农民和市民之间的边缘性群体，城市对农民工的保障一直是缺位的，农民工在失业之后，往往不得不返乡务农，在工伤之后，大多也只能获得部分医疗费用，而对于农民工家庭中的留守人员来说，农村的社会保障呈现出覆盖面窄，保障层次低的特点，家庭保障成为应对外在风险的主导模式和无奈之举，而这种模式意味着家庭必须牺牲消费以增加预防性储蓄。为了消除农民对未来不确定性的担忧，提振消费信心，释放消费潜力，启动农村市场，缓解因人口流动带来的过度储蓄和过度出口的倾向，就必须加强农民（工）的社会保障工作。

中国的流动人口规模庞大，异质性强，对社会保障的需求层次不一，对于这部分人群的社会保障必须进行分类。在保障的对象上，将稳定就业的农民工与不稳定就业的农民工区别对待，前者可以纳入城镇居民社会保障体系，后者则仍归入农村居民社会保障范围；在保障的类别上，将工伤保险优先强制性引入，工伤保险费用完全由企业来缴纳，然后再考虑失业、养老和生育等社会保险。此外，要重视农村中留守人口的社会保障，由于同一家庭中的流动人口和留守人口事实上是风险共担的，流动人口的消费意愿不仅受其自身保障水平的支配，而且受到家庭中其他社会成员保障水平的影响，

---

① 为了消除户籍对农民工工资的不利影响，一些学者提出让长期留在城市中的一部分农民工，尤其是那些私营企业主和技能型工人，率先实现市民化。

从目前来看，农村居民较大的支出主要集中在医疗方面，所以要十分重视农村医疗保险事业的建设，提高农村社会保障水平，并最终与城镇社会保障对接起来。

第三节　人口因素对贸易收支影响的展望

本章前两节内容总结了人口年龄结构、人口流动与贸易收支的关系，肯定了人口因素在中国外贸顺差中的作用，并就缓解目前的外贸失衡提出了建议。本节就人口因素对贸易收支的影响做一个简单的展望。

一　中国人口年龄结构的未来走势

种种迹象表明，中国的人口老龄化趋势正在加快到来。1982 年中国 65 岁以上人口只有 4991 万，占总人口比重的 4.9%，2008 年已达1.09 亿，占人口总数的 8.3%，人口老龄化平均增长速度达到 8.1%，约为同期总人口平均增长速度的 3 倍。按照国家人口和计划生育委员会的预测，2015 年中国 60 岁以上的人口将达 2.13 亿，占到总人口比重的 15%，65 岁以上的人口将达 1.35 亿，占到总人口的 9.5%；2020 年以后，中国将面临加速老龄化阶段，由于 20 世纪 60 年代"婴儿潮"期间出生的人将进入老年阶段，老年人口开始以每年 670万人的速度增加，到 2050 年 60 岁以上人口将达 4.50 亿，65 岁以上人口达 3.36 亿。65 岁以上人口比重由 7% 上升到 14%，大部分发达国家用了 45 年以上，其中美国用了 79 年，而中国只需要 27 年时间，中国将在现代化尚未实现之前，进入老龄化社会，即所谓的"未富先老"。[1]

---

[1]　上述数据主要来源于国家人口和计划生育委员会发展规划司中国人口与发展研究中心编《人口和计划生育常用数据手册》，以及《中国人口老龄化发展趋势预测研究报告》。

从未来的劳动适龄人口供给看，根据"世界人口数据表"的资料，2007 年中国的妇女总和生育率为 1.6%，低于大多数发达国家，如美国的妇女总和生育率为 2.1%、英国为 1.8%、法国为 2.0%；也低于一些发展中国家，如墨西哥的妇女总和生育率为 2.4%、印度和马来西亚为 2.9%；不过较之新加坡、日本和俄罗斯等国家 1.3% 的妇女总和生育率要稍高。事实上，中国少儿人口已经出现绝对数大幅下降趋势，低水平的生育率意味着中国在未来劳动力供给方面缺乏优势。国家人口和计划生育委员会的一项预测显示，中国人口规模在 2038 年达到 14.86 亿人的顶峰后，将逐渐下降，到 2050 年将下降到 14.4 亿人。15～59 岁劳动人口在 2015～2020 年达到峰值，而后持续下降。相形之下，诸如美国、英国、法国、日本、俄罗斯、新加坡和马来西亚等一些国家长期以来都有外国移民流入的传统，这会充实其劳动力队伍，提高其劳动适龄人口的比重。

可见，中国在未来的几十年中，一方面是愈演愈烈的人口老龄化；另一方面是人口出生率长期走低将带来的劳动力供给不足，其结果是老年人口比重不断攀升，而劳动适龄人口比重持续下降，人口年龄结构趋向于"老化"。周渭兵（2009）的估算结果表明，2030 年中国的老年人口抚养比将达到 26.8%，总抚养比达到 47.6%；2048 年的老年人口抚养比高达 33.3%，而总抚养比达到 52.4%。

二　人口年龄结构的变动对未来外贸收支的影响

作为影响储蓄的重要因素，人口年龄结构的变化必然对中国未来的贸易收支产生影响。在某一个特定的时期，一国（或地区）的人口年龄结构可能会呈现出"老化"或"年轻化"特征，但是从一个较长的完整周期看，却总是"中性"的，一个时期的"年轻化"必然对应着后来某个时期的"老化"，随着老年人口的增加，年龄结构的老化，人口抚养负担的上升，劳动适龄人口创造的供给将不足以满足全社会对物质产品的需求，其缺口的部分需要通过进口来填补，表现为经常项目的逆差。此外，由于贸易收支的交互性，中国人口年龄结构的变化到底会在多大程度上牵动着外贸逆差，还要取决于其贸易伙伴国（或地区）的人口年龄结构变化。

三 中国人口流动的未来走势

改革开放以后，随着二元体制的松动，中国经历了持续 30 年的人口大规模流动，流动人口存量从 1982 年的 657 万上升到 2008 年的 2.01 亿，农业从业人口不断缩减，其比重由 1978 年的 70.5% 下降至 2008 年的 39.6%，城镇就业人员稳步增加，由 1978 年的 9514 万增加至 2008 年的 3.02 亿。国家人口和计划生育委员会（2009）认为，未来 30 年，中国将形成 5 亿城镇人口、5 亿流动迁移人口和 5 亿农村人口"三分天下"的格局。基于历史基础和现实变化，笔者以为人口流动的这种趋势在未来还会持续，其依据在于以下几点。

第一，农村中仍然有大量剩余劳动力。2008 年全国共有就业人员 7.75 亿人，其中有 3.07 亿劳动力从事农业生产。按照现有的农业生产条件，如果一个劳力平均种植 30 亩耕地，那么农业中仅需要 6085 万劳动力，换言之，农村中有近 2.4 亿的剩余劳动力。此外，城镇中还存在闲置的劳动力和就业不足的农民工，按照周天勇和胡锋（2007）的看法，这两部分剩余劳动力达到 8000 万，因此，中国目前的剩余劳动力总数高达 3.2 亿。

第二，相对于农业部门，工业部门的人均产值增长较快，对劳动力流动的拉动作用显著。在工业化过程中，工业部门由于资本积累和技术进步，规模扩张较快，对劳动力形成持续需求；相形之下，中国的农业部门仍属于传统农业，这种农业的特点就是技术进步缓慢甚至停滞，吸收劳动力就业的空间狭窄。根据国家统计局公布的数据，2008 年第一产业的人均产值只有 11092 元，而第二产业的人均产值高达 69251 元。因此，未来农业对劳动力流动的推力和工业对劳动力流动的拉力仍然存在较大空间。

第三，中国区域经济发展的非均衡性还将存在。中国的区域发展一直处于非均衡状态，2000 年中央政府开始区域振兴政策，在西部大开发、中部崛起和振兴东北老工业基地方面做了大量投入，但是却并没有为这些地区带来相应的繁荣。尽管东部沿海地区的土地成本等在快速增加，但外商投资仍然表现出对这一区域的青睐，没有呈现出所期待的向中西部地区的阶梯式转移，东部和中西部已经演变成了一种典型的核心与外围分工模式。因此，未来劳动力还将继续由中西部向东部流动。

四　人口的持续流动对未来贸易收支的影响

在未来的几十年中，中国人口的跨地区、跨行业流动仍将继续，但是由于相关的制度安排，如农村居民社会保障、农民工工资待遇可能会发生变化，所以未来人口流动和贸易收支的关系与当下相比会呈现出一定的特殊性。一方面，人口流动和产品内分工基础上的加工贸易仍然会带来一部分顺差；另一方面，随着中国社会保障事业的完善，农民（工）的预防性储蓄趋弱，消费增加，顺差减少。此外，增加农民工工资、提高农村居民收入、启动农村市场，从而减少对外需的依赖也正在进入政策制定者的视野中。由于这一问题牵涉的范围甚广，实施的难度很大，其最终能否实施，实施后的效果是否会一如预期，目前都尚不可知。

参考文献

［1］阿瑟·刘易斯，1954，《劳动力无限供给条件下的经济发展》，《曼彻斯特大学学报》第 2 期。

［2］阿瑟·刘易斯，1989，《二元经济论》，施炜、谢兵、苏玉宏译，北京：北京经济学院出版社。

［3］白重恩等，2012，《中国养老保险缴费对消费和储蓄的影响》，《中国社会科学》第 8 期。

［4］白南生，2009，《刘易斯转折点与中国农村剩余劳动力》，《人口研究》第 2 期。

［5］保罗·克鲁格曼，2000，《预期消退的年代》，王松奇译，北京：中国经济出版社。

［6］彼得·希夫、约翰·唐斯，2008，《美元大崩溃》，北京：中信出版社。

［7］蔡昉，2000，《中国二元经济与劳动力配置的跨世纪调整》，《浙江社会科学》第 5 期。

［8］蔡昉、王美艳，2007，《农村劳动力剩余及其相关事实的重新考察——一个反设事实法的应用》，《中国农村经济》第 10 期。

［9］蔡昉，2007a，《破解农村剩余劳动力之谜》，《中国人口科学》第 2 期。

［10］蔡昉，2007b，《中国经济面临的转折及其对发展和改革的挑战》，《中国社会科学》第 3 期。

［11］蔡昉，2007c，《"刘易斯转折点"近在眼前》，《中国社会保障》第 5 期。

［12］蔡昉，2007d，《发展阶段转折点与劳动力市场演变》，《经济学动态》第 12 期。

［13］蔡昉，2008，《刘易斯转折点——中国经济发展新阶段》，社会科学文献出版社。

［14］蔡昉，2010，《人口转变、人口红利与刘易斯转折点》，《经济研究》第 4 期。

［15］蔡昉，2010，《刘易斯转折点与公共政策方向的转变》，《中国社会科学》第 6 期。

［16］程令国、张晔：《早年的饥荒经历影响了人们的储蓄行为吗？——对我国居民高储蓄率的一个新解释》，《经济研究》2011 年第 8 期。

［17］陈友华，2005，《人口红利与人口负债：数量界定、经验观察与理论思考》，《人口研究》第 6 期。

［18］丁霄泉，2001，《农村剩余劳动力转移对我国经济增长的贡献》，《中国农村观察》第 2 期。

［19］《法定退休年龄将延至 65？》，新京报 2008 年 11 月 6 日。

［20］高铁梅，2006，《计量经济分析方法与建模》，清华大学出版社。

［21］顾海兵、张实桐，2010，《试论社会保障水平与消费水平的不相关》，《经济学家》第 1 期。

［22］国家人口和计划生育委员会发展规划司中国人口与发展研究中心，2006，《人口和计划生育常用数据手册》。

［23］国家人口和计划生育委员会发展规划司中国人口与发展研究中心，2006，《中国人口老龄化发展趋势预测研究报告》。

［24］国家人口和计划生育委员会，2009，《我国人口分布将形成"三分天下"格局》，人民网：http://politics.people.com.cn/GB/1027/9129924.html。

[25] 国家统计局农村社会经济调查司，2005，《中国农村劳动力调研报告》，中国统计出版社。

[26] 郭剑雄、李志俊，2009，《劳动力选择性转移条件下的农业发展机制》，《经济研究》第 5 期。

[27] 国务院政策室课题组，2006，《中国农民工调研报告》，中国言实出版社年版。

[28] 郭树清，2007，《中国经济的内部平衡与外部平衡问题》，《经济研究》第 12 期。

[29] 郭志刚，2008，《调查证实中国人口形势已进入低生育率新时代》，《第一财经日报》6 月 30 日。

[30] 韩纪江，2003，《中国农村劳动力的剩余分析》，《中国农村经济》第 5 期。

[31] 何立新等，2008，《养老保险改革对家庭储蓄率的影响：中国的经验证据》，《经济研究》第 10 期。

[32] 黑田俊夫，1993，《亚洲人口年龄结构变化与社会经济发展的关系》，《人口学刊》第 4 期。

[33] 盛洪，2003，《现代制度经济学》，北京大学出版社。

[34] 李文星、徐长生，2008，《中国人口变化对居民消费的影响》，《中国人口科学》第 3 期。

[35] 李雪增、朱崇实，2011，《养老保险能否有效降低家庭储蓄：基于中国省级动态面板数据的实证研究》，《厦门大学学报》第 3 期。

[36] 李勋来、李国平，2005，《农村劳动力转移模型及实证分析》，《财经研究》第 6 期。

[37] 李扬，2006，《储蓄投资缺口造成了中国长期贸易顺差》，《上海证券报》11 月 23 日。

[38] 李扬、殷剑峰，2005，《劳动力转移过程中的高储蓄、高投资

和中国经济增长》,《经济研究》第 2 期。

[39] 林桂军、Ronald Schranmm,2008,《我国储蓄/投资差额的结构分析与经常项目顺差》,《财贸经济》第 4 期。

[40] 林毅夫、蔡昉、李周,2002,《中国的奇迹:发展战略与经济改革》,上海三联书店和上海人民出版社。

[41] 刘生龙等,2012,《预期寿命与中国家庭储蓄》,《经济研究》第 8 期。

[42] 刘世锦,张军扩,候永志,刘培林. 陷阱还是高墙:中国经济面临的真实挑战与战略选择 [C] //吴敬琏. 比较. 北京:中信出版社,2011:20 - 46.

[43] 卢锋、刘鎏,2007,《我国两部门劳动生产率增长及国际比较(1978~2005)—巴拉萨 - 萨缪尔森效应与人民币实际汇率关系的重新考察》,《经济学(季刊)》第 6 卷第 2 期。

[44] 陆学艺,2004,《当代中国社会流动》,社会科学文献出版社。

[45] 逯进、朴明根,2008,《西部地区人口迁移与经济增长关系的演进分析》,《财经问题研究》第 3 期。

[46] 库珀,2007,《理解全球经济失衡》,《国际经济评论》第 2 期。

[47] 马晓河、马建蕾,2007,《中国农村劳动力到底剩余多少》,《中国农村经济》第 12 期。

[48] 马忠东、张为民、梁在、崔红艳,2004,《劳动力流动:中国农村收入增长的新因素》,《人口研究》第 3 期。

[49] 牟新生,2007,《关于当前我国对外贸易发展及其顺差问题的一些思考》,《求是》第 5 期。

[50] 南亮进,2008,《经济发展的转折点:日本经验》,关权译,社会科学文献出版社。

[51] 潘晨光、娄伟,2003,《中国农村智力回流问题研究》,《中国

人口科学》第 5 期。

[52] 彭浩然，2012，《基本养老保险制度对个人退休行为的激励程度研究》，《统计研究》第 9 期。

[53] 屈宏斌，2006，《将贸易顺差进行到底》，《北京青年报》9 月25 日。

[54] 施建淮，2005，《怎样正确分析美国经常项目逆差》，《国际经济评论》第 4 期。

[55] 舒尔茨，1987，《改造传统农业》，商务印书馆。

[56] 孙敬水，2009，《中级计量经济学》，上海财经大学出版社。

[57] 谭雅玲，2007，《我国贸易顺差的内部结构效应与外部预期非理错位》，《国际贸易》第 4 期。

[58] 佟家栋、周燕，2011，《二元经济、刘易斯拐点和中国对外贸易发展战略》，《经济理论与经济管理》第 1 期。

[59] 王德文，2009，《中国刘易斯转折点：标志与含义》，《人口研究》第 2 期。

[60] 王德文、蔡昉、张学辉，2004，《人口转变的储蓄效应和增长效应——论中国增长可持续性的人口因素》，《人口研究》第5 期。

[61] 王检贵，丁守海，2005，《中国究竟还有多少剩余劳动力》，《中国社会科学》第 5 期。

[62] 王仁言，2003，《人口年龄结构、贸易差额与中国汇率政策的调整》，《世界经济》第 9 期。

[63] 王卫、张宗益、徐开龙，2007，《劳动力迁移对收入分配的影响研究——以重庆市为例》第 6 期。

[64] 王西玉、崔传义、赵阳、马忠东，2000，《中国二元结构下的农村劳动力流动及其政策选择》，《管理世界》第 5 期。

[65] 王小鲁、樊纲主编，2000，《中国经济增长的可持续性》，经济

科学出版社。

[66] 于学军，1995，《中国人口老化的经济学研究》，中国人口出版社。

[67] 王宇，2008，《世界经济的失衡与均衡》，《读书》第 3 期。

[68] 王志刚，2008，《面板数据模型及其在经济分析中的应用》，经济科学出版社。

[69] 汪浩瀚、唐绍祥，2010，《中国农村居民预防性储蓄动机估计及影响因素分析》，《农业技术经济》第 1 期。

[70] 汪伟、郭新强，2011，《收入不平等与中国高储蓄率：基于目标性消费视角的理论与实证研究》，《管理世界》第 9 期。

[71] 肖周燕，2004，《理论老年抚养比与实际老年抚养比偏离分析》，《人口研究》第 3 期。

[72] 谢建国、陈漓高，2002，《人民币汇率与贸易收支：协整研究与冲击分解》，《世界经济》第 9 期。

[73] 徐晟，2008，《人口年龄结构影响国际收支的传导机制：中国人口红利的削减与国际收支双顺差》，《财贸经济》第 5 期。

[74] 杨正位，2008，《客观认识和妥善应对外贸顺差》，《中国金融》第 11 期。

[75] 杨继军、张二震，2008，《生产率的结构性变动对我国外贸顺差的影响》，《国际贸易问题》12 期。

[76] 杨继军，2009，《二元体制松动、预防性储蓄和中国的外贸顺差》，《国际贸易问题》第 7 期。

[77] 袁剑，2010，《2010：低速增长走上分水岭》，《南方周末》第 1 期。

[78] 袁朋，2012，《一般均衡分析：无限期界不完全市场条件下的预算约束》，《经济学动态》第 1 期。

[79] 余甫功，2010，《调整收入分配：调结构的首要任务》，《南方

日报》3 月 8 日。

[80] 余永定，2006，《全球失衡：中国的视角》，亚欧论坛发言稿。

[81] 余永定，2007，《外贸"双顺差"难题如何破解》，《人民日报》海外版 1 月 23 日。

[82] 《中国产能过剩堪忧》，南方周末 2009 年 12 月 3 日。

[83] 张二震，2006，《人民币升值解决不了贸易顺差》，《人民日报》海外版 10 月 24 日。

[84] 张二震、安礼伟，2009，《关于贸易顺差原因的理论思考》，《当代经济管理》第 4 期。

[85] 张二震，2009，《金融危机下江苏开放型经济发展的思考》，《新华日报》7 月 23 日。

[86] 钟水映、李魁，2009，《劳动力抚养负担对居民储蓄率的影响研究》，《中国人口科学》第 1 期。

[87] 钟伟，2007，《"双顺差"深层原因为哪般?》，中国外汇网。

[88] 周渭兵，2009，《老龄化下的中国未来职工抚养负担的测算与分析》，《中国人口科学》第 1 期。

[89] 周天勇、胡锋，2007，《中国未来就业严峻形势会缓解吗》，《当代经济》第 7 期。

[90] 周小川，2009，《企业储蓄高和农村劳动力大军有关》，中新网。

[91] 朱庆，2009，《中国特殊国际收支结构原因探析——基于人口年龄结构的视角》第 5 期。

[92] Alexander, S. S. (1959)："Effects of a Devaluation: A Simplified Synthesis of Elasticties and Absorption Approaches", *American Economic Review*, Vol. 49.

[93] American Population Reference Bureau (2009)："World Population Data Sheet".

[94] Anderson, T. W. and C. Hsiao (1981): "Estimation of Dynamic Model with Error Components", *Journal of the American Statistical Association*, Vol. 767.

[95] Arrelano, M. and Bond, S. (1991): "Some Tests of Specification for Panel Data: Monte-Carlo Evidence and an Application to Employment Equations", *Review of Economic Studies.* Vol. 58.

[96] Attanasio, O. P. and A. Brugiavini (2003): "Social Security and Household Saving," The Quarterly Journal of Economics, Vol. 118, No. 3. [123] Philip R. Lane and Gian Maria Milesi-Ferretti, (2001): "Long-Term Capital Movements", *NBER Working Paper*, No. 8366.

[97] Bagnai, Alberto (2009): "The role of China in global external imbalances: Some further evidence", *China Economic Review*, Vol. 20.

[98] Batini, N. , T. Callen, and W. McKibbin (2006): "The Global Impacts of Demographic Change", *IMF Working Paper* WP/06/9.

[99] Becker, Gary S. , and Robert J. Barro (1988): "A Reformation of the Economic Theory of Fertility", *The Quarterly Journal of Economics*, Vol. 103.

[100] Bernanke, Ben S. (2005): "The Global Saving Glut and the U. S. Current Account Deficit", Presented at the Homer Jones Lecture Hosted by the Federal Reserve Bank of St. Louis.

[101] Blanchard, Olivier (2006): "Current Account Deficits in Rich Countries", Mundell-Fleming lecture to be given at the IMF.

[102] Blanchard, Olivier (2007): "Current Account Deficits in Rich Countries", *Massachusetts Institute of Technology Department of Economics Working Paper*.

[103] Bloom, D. E. and D. Canning (2005): "Global Demographic

Change: Dimensions and Economic Significance", *Harvard Initia-tives for Global Health Working Paper Series*, No. 1.

[104] Brooks, R. (2003), "Population Aging and Capital Flows in a Parallel Universe", *IMF Staff Papers*, Vol. 50.

[105] Caballero, Ricardo J. : "On the Macroeconomics of Asset Shorta-ges", *NBER Working Paper*, No. 12573.

[106] Cerra, V. and S. C. Saxena (2003): "How Responsive is Chi-nese Export Supply to Market Signals?" *China Economic Review*, Vol. 14.

[107] Chamon, M. and E. Prasad (2008): "Why are Saving Rates of Urban Households in China Rising?" *IMF Working Paper*, No. 145.

[108] Chenery, H. B. and A. M. Strout (1966): "Foreign Assistance and Economic Development", *The American Economic Review*, Vol. 56.

[109] Cheung, Y. W. , M. D. Chinn and E. Fujii (2009): "China's Cur-rent Account and Exchange Rate", *NBER Working Paper* 14673.

[110] Cooper, Richard N. (2008): "Global Imbalances: Globalization, Demography, and Sustainability", *Journal of Economic Perspec-tives*, Vol. 22.

[111] Doeinger, P. B. and M. J. Piore (1971): "Internal Labor Markets and Manpower Analysis", *Lexington Books*.

[112] Domeij, David and Martin Floden (2003): "Population Aging and International Capital Flows", *SSE/EFI Working Paper*, No. 539.

[113] Dynan, Karen E. (1993): "How Prudent Are Consumers?" *The Journal of Political Economy*, Vol. 6.

［114］Eichengreen, B. and R. Hausman (1999): "Exchange rates and financial fragility", *NBER working paper*, No. 7418.

［115］Fair, R. C. and K. M. Dominguez (1991): "Effects of the Changing U. S. Age Distribution on Macroeconomic Equations", *American Economic Review*, Vol. 5.

［116］Feldstein, Martin; Charles Horioka (1980): "Domestic Saving and International Capital Flows", *Economic Journal* Vol. 90.

［117］Feldstein, M. and J. B. Liebman (2001): "Social Security," *NBER Working Paper*, No. 8451.

［118］Feroli, Michael (2006): "Demography and the U. S. current account deficit", *North American Journal of Economics and Finance*, Vol. 17.

［119］Ferrero, Andrea (2005): " Demographic Trends, Fiscal Policy and Trade Deficits", *Job Market Paper*. December 13.

［120］Gruber, Joseph W. and Steven B. Kamin (2005): "Explaining the Global Pattern of Current Account Imbalances", Board of Governors of the Federal Reserve System International Finance Discussion Papers.

［121］Harberger, A. C. (1950): "Currency Depreciation, Income and the Balance of Trade", *Journal of Political Economy*, Vol. 77.

［122］Herbertsson, Tryggvi Thor and Gylfi Zoega (1999): "Trade Surpluses and Life-cycle Saving Behaviour", *Economics Letters*, Vol. 65.

［123］Higgins, Mathew (1998): "Demography, National Saving, and International Capital Flows ", *International Economic Review*, Vol. 39.

［124］Higgins, Mathew, and Jeffrey G. Williamson (1997): " Age

Structure Dynamics in Asia and Dependence on Foreign Capital",
Population and Development Review, Vol. 23.

[125] International Monetary Fund (2004): "World Economic Outlook", Special Chapter on "The Global Demographic Transition", Washington, DC: International Monetary Fund.

[126] Johanson, H. G. (1968): "Towards a General Theory of the Balance of Payments", In R. E. Caves and H. G. Johanson (Eds), Readings in the Theory of International Economics.

[127] Kanbur, R., H. Rapoport (2005): "Migration Selectivity andthe Evolution of Spatial Inequality", *Journal of Economic Geography*, Vol. 5.

[128] Kelley, A. C. (1973): "Population Growth, the Dependency Rate, and the Pace of Economic Development", *Population Studies*, Vol. 27.

[129] Kim, S. and J. W. Lee (2007): "Demographic Changes, Saving, and Current Account in East Asia", *Asian Economic Papers*, Vol. 6.

[130] Kuijs, Louis (2005a): "Investment and Saving in China", *World Bank China Research Paper*.

[131] Kuijs, Louis (2005b): "How Will China's Saving-investment Balance Evolve?" *World Bank China Research Paper*.

[132] Kuijs, L. (2006): "How Will China's Saving-Investment Balance Evolve?", *World Bank Research Working Paper* 4.

[133] Leff, N. H. (1969): "Dependency Rate and Saving Rate", A-merican *Economic Review* Vol. 59.

[134] Loayza, N., K. Schmidt-Hebbel, and L. Serven (2000): "What Drives Saving Across the World"? *Review of Economics and Statis-*

tics, Vol. 82.

[135] Lührmann, Melanie (2003): "A Demographic Change, Foresight and International Capital Flows", *MEA Working Paper*. Mannheim: University of Mannheim, Institute for the Economics of Aging.

[136] Mann, C. (2002): "Perspectives on the U. S. Current Account Deficit and Sustainability", *Journal of Economic Perspectives*, Vol. 16.

[137] Mileva, E. (2007): "Using Arellano-Bond Dynamic Panel GMM Estimators in Stata", *Working Paper*, Fordham University.

[138] Modigliani, F. and Albert Ando (1957): "Tests of the Life Cycle Hypothesis of Savings: Comments and Suggestions", *Bulletin of the Oxford Institute of Statistics*.

[139] Modigliani, F. and Larry, C. S. (2004): "The Chinese Saving Puzzle and the Life-Cycle Hypothesis", *Journal of Economic Literature*, Vol. 42.

[140] Mundell, A. R. (1963): "Capital Mobility and Stabilisation Policy under Fixed and Flexible Exchange Rates", *Canadian Journal of Economics and Political Science*, Vol. 29.

[141] Obstfeld, M. and K. Rogoff (2005): "The Unsustainable US Current Account Position Revisited", *Working Paper in University of California*, Berkeley.

[142] Poole, W. (2007): "Changing World Demographics and Trade Imbalances", Lecture for the American European Community Association Round-Table Conference Luncheon. Brussels, Belgium.

[143] Rains, Gustav and John C. H. Fei (1961): "A Theory of Economic Development", *The American Economic Review*, Vol. 4.

[144] Ralph, C. Bryant (2007): "Demographic Influences on Saving-Investment Balances in Developing and Developed Economies", Wp 2007 – 08, *Center for Retirement Research at Boston College.*

[145] Robinson, J. (1937): "The Foreign Exchanges", in J. Robinson, Essays in the Theory of Employment, Ch. 1, London; Reprinted in H. S. Ellis and L. A. Metzler (eds.) (1949): Readings in the Theory of International Trade (pp. 83 – 103). Philadelphia: Blakiston.

[146] Stark, O., C. Helmenstein, A. Prskawetz (1998): "Human Capital Depletion, Human Capital Formation, and Migration: A Blessing or a 'Curse'"? *Economics Letters*, Vol. 60.

[147] Taylor, Alan M. and Jeffyey G. Willamson (1994): "Capital Flows to The New World as an Intergenerational Transfer", *The Journal of Political Economy*, Vol. 102.

[148] United Nations Population Division (2004): "World Population Prospects: the 2004 Revision".

[149] Yakita, A. (2011): "Uncertain lifetime, fertility and Social Security", *Journal of Population Economics*, Vol. 14, no. 4.

图书在版编目（CIP）数据

中国经济内外失衡的人口因素研究/杨继军著．—北京：社会
科学文献出版社，2015.9
ISBN 978 - 7 - 5097 - 7794 - 7

Ⅰ．①中…　Ⅱ．①杨…　Ⅲ．①人口－影响－经济失衡－研
究－中国　Ⅳ．①F121

中国版本图书馆 CIP 数据核字（2015）第 159019 号

中国经济内外失衡的人口因素研究

著　　者／杨继军

出 版 人／谢寿光
项目统筹／祝得彬
责任编辑／杨　慧　仇　扬

出　　版／社会科学文献出版社·全球与地区问题出版中心（010）59367004
　　　　　地址：北京市北三环中路甲 29 号院华龙大厦　邮编：100029
　　　　　网址：www.ssap.com.cn
发　　行／市场营销中心（010）59367081　59367090
　　　　　读者服务中心（010）59367028
印　　装／北京季蜂印刷有限公司

规　　格／开　本：787mm × 1092mm　1/16
　　　　　印　张：12.75　字　数：165 千字
版　　次／2015 年 9 月第 1 版　2015 年 9 月第 1 次印刷
书　　号／ISBN 978 - 7 - 5097 - 7794 - 7
定　　价／49.00 元